U0508457

澄澈是天空的拿手好戏

青春美文精品集萃丛书·拿手好戏系列

《语文报》编写组 选编

时代文艺出版社

图书在版编目（CIP）数据

澄澈是天空的拿手好戏 /《语文报》编写组选编.
-- 长春：时代文艺出版社,2021.6
（青春美文精品集萃丛书.拿手好戏系列）
ISBN 978-7-5387-6754-4

Ⅰ.①澄… Ⅱ.①语… Ⅲ.①作文－中小学－选集
Ⅳ.①H194.5

中国版本图书馆CIP数据核字(2021)第095604号

澄澈是天空的拿手好戏

CHENGCHE SHI TIANKONG DE NASHOUHAOXI

《语文报》编写组　选编

出品人：陈　琛
责任编辑：曾艳纯
装帧设计：孙　利
排版制作：隋淑凤

出版发行：时代文艺出版社
地　　址：长春市福祉大路5788号　龙腾国际大厦A座15层　（130118）
电　　话：0431-81629751（总编办）　　0431-81629755（发行部）
网　　址：weibo.com/tlapress（官方微博）　　sdwycbsgf.tmall.com（天猫旗舰店）
开　　本：880mm×1230mm　1 / 32
字　　数：135千字
印　　张：7
印　　刷：三河市嵩川印刷有限公司
版　　次：2021年6月第1版
印　　次：2021年6月第1次印刷
定　　价：36.00元

图书如有印装错误　请寄回印厂调换

编 委 会

主　　编：刘应伦

编　　委：刘应伦　　赵　静　　李音霞

　　　　　郭　斐　　刘瑞霞　　王素红

　　　　　金星闪　　周　起　　华晓隽

　　　　　何发祥　　朱晓东　　陈　颖

　　　　　段岩霞　　刘学强

本册主编：刘　瑛　　田海明　　程继红

Contents
目　录

起　风　了

澄澈是天空的拿手好戏

繁 花 正 盛

行走在爱里

时间都去哪了

起 风 了

起 风 了

叶锦熹

推开掩着的窗，起风了。

细沙般潺潺流过的云翳，莞尔地浣成铅蓝的印记。积雨云缥缈薄如蝉翼的云裳，重重地涂印上了一层厚泽而湿漉的铅色。浮动飘柔的云彩宛若碎了剪拼的披肩，蓬蓬簇簇，沆荡悠扬。漫天的铅蓝是刚从倾倒的木桶里淌泻出，点点滴滴，晶莹溥合，零露如牛乳般香润的泔水啊，剔透而澄明。甘露带雨，清流急湍，如膏似玉，水天蒙蒙，冥蒙一色间，轻帆一点，便穿雨而来。

听到了吗？从山那头的岗峦上，有隐匿的寒蝉嘤嘤，鸢鸟压低的呜咽，有那么一阵风，一阵凉意，穿过种满了新茶与相思的山经之后，极静的，那么清凉悠然地吹进了我的心窗。是什么呢？我站在军岗高高的岗峦上，连绵的，有缫丝清静的烟霭飘散，那薄薄的霭雾吹散了发丝的思绪，吹散了心上烦愁。淡淡森森的雨霭轻碎落在肩头，轻轻柔柔，似若无感，有风吹响起来，蓬松而柔软，静静地听得见心脉静谧的声音，是松风啊，那无人启奏的空灵鸣琴般萧瑟的音呵，不可名状的清灵空谷，立意悠远，袅袅婷婷绕进了谁的心房？心儿追思着流水的行止，远了，远了，远了的——啊，依稀隐约可闻。

若你伫立良久仍然毫无倦意，那就听听这山甲里传来的风声吧。闭上眸子，倾心潜听。心儿似乎在山甲间被风吹得劲吹飞扬，淋满了红叶大抵散落的落英缤纷，惹上一身的娇怯，再淌翻过细绵悠长的细流，有清澈澄明的水涌过心儿的颊，清凛皎洁。溶溶的细雨绰意盎然，飞絮轻扬，纷纷霏霏，飘扬而缠绵，凝如晶膏，荡然纷纷而降。潇潇沙沙，有空蒙的风，也透过那细细的雨，吹满了一树的鳞隙星点，星群般予以宁静闲适，心窗间淡淡焉，濡染上稀疏斑驳的陆离。

槛窗间，又起风了。

麨麨细草茸茸密集，簌簌地吹响了，我仿站在高高的岗峦之上。

听，起风了。

"在多年后那些相似的夜晚里，如何能细细重述此刻的风，此刻的云，和此刻芒草丛中溪涧奔流的声响？"

热 爱 生 活

高 雪

生活，本身应当是丰富多彩的，只是，我们为了图个方便、快捷，把原本丰富多彩的生活变得单调、乏味了。但是今天，我将会前往三岔湖，去体验一种全新的活动——露营。

经过长达两个小时的车程，我们终于来到了湖边，阳光射在水面，好似金鲤鱼的鳞片在水中若隐若现，微风拂过湖面，带到我的面颊。这一切的一切，都那么令人心旷神怡。

搭好帐篷，架上烤架，铺上野餐垫，当一切料理妥当以后，天色也逐渐暗了下来。我们生起了一堆火，看着火舌舔着干枯的树枝，又燃起一堆新的火焰。火焰舞动着，"噼里啪啦"地唱着歌。在野餐垫上，刚出炉的烤肉飘着微香。这一切，令我感受到了两个字——温馨。

在享用完烤肉大餐后，大家又休息了一小会儿，便纷纷回到了帐篷。

第二天，我打开帐篷时，一阵凉风吹走了我残余的睡意，天空还有些朦胧，似乎也是还没有睡醒。三岔湖也是一副刚刚醒来的模样，湖面柔柔的泛着微波。早晨的三岔湖，是清新的，又是朦胧的。

当我们挂上鱼钩，钓起一条小鱼时，见它拼命翻腾的样子，见它再水桶里乱窜的样子，又有些于心不忍，便将它又放了回去。见鱼儿很快地消失在水中，我心里除了一些小失落，更多的是快乐。

时间很快便流走了，在这个三岔湖，我又一次感受到了生活的美好、多彩，无论是黄昏时烤肉的温馨，还是清晨在湖边漫步的清新，或是正午放走小鱼的快乐，都是令我难忘的。

亲近大自然，放飞自己的心灵，享受生活的五彩缤纷吧。

秋天的温暖

姜懿芸

这，是一个秋天的故事。

这时，已步入晚秋。可生命的活力，仍在延续，谱写着一段美丽的篇章。

风牵动着蒲公英，蒲公英飘飘摇摇的，犹如一个个洁白的小精灵，无意间触碰着阳光。却因这个无心之举将天空点缀得更加美丽。

她半眯着眼，双手搭在教室外走廊的边缘的台面上，她将头轻轻靠在双手上，享受着阳光的沐浴。这一切都使人想到一个词——温暖。

她沉浸在这种迁移中，此时，此时那些不快的，伤感的，统统抛在脑后。她要的就是这种感觉，这种放松，一个人独处的感觉。他像来不喜欢和人相处，况且，她也不知道怎么相处。再者，最近又发生了一些事——好烦呐！

她抬起头，继续等待着。

她不会告诉任何人，她每天赖在教学楼不走，是为了等某个人。

午后的阳光永远那么温暖，它拼命透过树错乱的枝桠，洒在地上，成了一地斑驳的碎影，与这个季节，很配呢。

这时细碎的阳光被一个身影遮住了，她不惊一笑——她要等的人，来了。

她不会告诉任何人，自己每天放学后躲在教学楼里是为了看一个男生打球。

阳光毫不吝啬地洒在他身上，他的周边仿佛嵌上了一圈金色的光辉，是那么耀眼。

她不知道这是什么感觉，她只知道，她想用温暖来形容。

"我想，我要变，变得跟温暖些。"她说。

起
风
了

《《《

秋日的回忆

魏语嫣

心情实在不悦，想出门散散心，脑海里闪过那一片郁郁葱葱的银杏树林，我缓缓向那里走去，可看见的却是一片片金得直逼眼的银杏叶，它们如迷失了方向的蝴蝶一样缓缓飘落，不带一点儿遗憾和伤痛。我小跑上去，随意拾起一片银杏叶，看了又看，丑陋的颜色，平凡的形状，如地图线一样扭曲的纹路，还有些让人不适的手感，这不就是一张饱经风霜的脸吗？

此刻，看见这片银杏叶就如看见我远在他乡的外婆一样。它落下，只是为了化为泥土回报这棵养育它的树，外婆在城市与我们生活多年，可心中念念不忘的全是她的故乡：清澈的小溪、与她谈笑风生的老邻居、忠实的老母狗、嘻哈打闹的一群孩子……所以，外婆也是像落叶一样寻去了，找寻那片养育她的土地去了。只有在那里，外婆才会真的快乐。

再次抚摸这片落叶，我便不自觉地回忆起和外婆在一起的快乐日子。

每当看见外婆放下手中的针线活时，我便会抓起一把糖放在兜里，跳进背篓里等着外婆带我出去，外婆可以带着我走完整个村子，外婆背着我嘴里哼着淳朴的曲子，我便贴在她背后不停地摇晃，背篓咯吱咯吱的响，我吃着糖嘴里时不时地会发出几个音，外婆转过头对我笑，细碎的阳光穿过树枝映在她脸上，一切都那么清晰，那么安详。

外婆总会有讲不完的故事，每当深夜，外婆就会把我抱起放在院子里简陋的秋千上，指着远处起伏的山喋喋不休的诉说那些精彩故事，我听着听着便进入梦乡，外婆会把我抱回房间睡觉，自己又回到那秋千旁，对着那些山喃喃自语……

对呀，落叶归根如同游子归故乡一样情真意切。新叶虽美，落叶更具有风韵，我怎敢阻止了这份游子意，赶紧把这片树叶放回树根，渐行渐远……

爷爷、柳树和三轮车

杜远焓

我一直都记着，在我小学六年级前，爷爷一直都是骑三轮车来接我放学回家的，那是我至今最美好的时光。特别是春天，当柳树抽出新芽时，那一幕，回忆起来是多么的美好，也是多么的值得惋惜。

在我小时候，最盼望的时候便是放学，不是因为可以回家看电视，也不是因为可以吃零食，而是我回家的路。一放学，我收拾好书包，当我走出学校门口，第一件事便是寻找爷爷的三轮车。当一辆红色座椅的三轮车和穿着一件短袖的胖老人闯入我的视野时，便是我快乐的时光。我跑着、跳着，对那个老人叫了一句："爷爷！"

我踏上三轮车，把书包放下，我便开始与爷爷的"今日小结"："爷爷，我今天得了一个笑脸！爷爷，我的课堂作业全对……"我就是喜欢把一切与我有关的事情告诉他。每当我把"今日小结"对爷爷汇报完毕时，爷爷都会笑着从口袋中拿出一包豆干之类的小吃给我，当作对我的奖励。

一阵风吹来，把我头上的柳枝吹得东倒西歪的，阳光透过柳叶，一闪一闪的，还带着绿意，犹如一个春天的使者，为我的成长记下了一笔。柳叶是那时最好的玩伴，当爷爷去接姐姐放学时，我便与它成了一对好朋友，它不会说话，但它会表达，它一天的故事，全都在我的大脑里。它可以与风儿跳舞，它也可以与蒲公英讲话，甚至可以与毛虫格斗，当然，这都取决于我。

当姐姐坐上三轮车时，又是一种不一样的想象，我想姐姐和我们一家都住在柳树上，一片柳叶一个房间，每天都有食物从柳条下传到我们的房间。但她总是说，我们的重量可以压倒一棵柳树，哼，真是个没有情趣的家伙。爷爷坐上三轮车，我又要与我的伙伴——柳树告别了，还真是有点舍不得呢！

我们在三轮车上，告别路过的同学，躺在车上，看着爷爷的背影，感受着阳光，听着姐姐的笑话，我无时无刻不想念这样的生活。直到我上了六年级，我开始独自回家，柳树也被砍了，我的放学时光不再快乐了。背着沉甸甸的书包，忘了我的幻想，别了，我童年的美好时光；别了，我那个天真的另一面！

忆起第一次踏青

叶荐文

当下已是早春，我却并没有感觉春意盎然，就像过年我没体会到年味一样。用爸爸的话说是我长大了，可是我觉得，好像不是这样。

今日，昨日，前日。只要是假日，我都在一个人寻找春天的感觉。街上的人衣服少了，因为春来了；树上的枝青了，因为春来了；早上不想起床，春困，春天还是来了嘛。可是少了点儿什么……我又走到了湖边，湖边的柳树的柳条褪去了一道枯黄，应着春风在飞舞。一瞬间我好像又回到了从前。

那时的我还小，多小不记得了，只记得那时我还在被乘法表困扰，还在幻想糖果屋。总之，很小。那时爸爸还没有现在这么忙，所以他还有时间带我出来踏青。这是我第一次踏青。走过青松针铺满的青松地，希望一年轻轻松松。认识了白菜。"明年百财吗？还是败财？"我还小，不懂事地问道。爸爸说："都不是，只是图个好兆头。"我似懂非懂地点点头。最后又走湖边，那天的天气并不晴朗，可湖边的那棵柳树却格外青翠。

一旁的小孩儿的喧闹打断了我的回忆，那小孩儿用略带稚气的声音问道一旁的母亲，"这是什么啊？"唉，儿时的我也曾这样问过。

"这是什么啊？"我睁着大眼睛问爸爸。爸爸慈爱地摸着我的头："这是柳树。""那，那为什么只有柳树才长这里"爸爸没有回答我，只是看着我。"因为呀……"过了半晌爸爸才回答道。为什么呀，我在心中念道。

往事历历在目，却已回不到那天。那对母子走过去了。柳树与往时一般青，湖水与往时一般洁，我与往时不一样了，没什么大的不同，只是大家都认为我长大了。如此而已。但总觉得少点儿什么？可又不知道少的是什么。我又一次去踏了青松，看了白菜，又到了柳树旁，又想起了往事。为什么？我再想了想那对母子。

我朝树荫间走去，向家走去。原来，少了爸爸。

故 乡 的 湖

李文哲

故乡的湖在故乡隆昌，在我记忆深处，在我甜甜的梦里。

当你身临其境时，你能感受到它的自然，它的宁静，它的包容。它的一面是喧闹的城市，一面是恬静的田园风光。它永远在那里，没有改变它美丽的容貌，默默看着隆昌日新月异的变化。

故乡的湖是清新淡雅的。湖啊，你如一位美丽的田家小姑娘，婀娜多姿。天边的白云是你可爱的发夹，湖畔一排排多姿的杨柳是你飘舞的裙子，山上的野花是你五彩的鞋子。故乡的湖，你如一颗璀璨的明珠镶刻在祖国富饶的土地上。这水真清啊，清得能看见水底的沙石和肥美的鱼儿；这水真绿啊，绿得像一块碧绿的翡翠，古典端庄；这水真静啊，静得能照见你的影子，照见那人、那山、那城。每当栖息的鸟儿从湖中心的小岛一齐飞出时，白茫茫的一片，在四周翻飞盘旋。

它们一会儿高空滑翔，发出悦耳动听的鸟鸣声，响彻云霄；一会儿低空掠过，溅起一阵阵波纹。当你坐在湖岸的码头上，清爽的风儿伴着花香迎面吹来，你舟车劳顿的疲倦瞬间化为虚有。当你有兴趣坐上古色古香的游船环湖一周，站在船头，两岸风景一览无遗：远处山峦叠翠，有的山上一片的松树林，散发着松脂的清香；有的山上一片黄灿灿的油菜田，装点着山坡，装点着故乡的湖。近看，环湖路上三五成群的人骑着自行车，挥洒着汗水，感受着运动的快乐。一家三口快乐地去郊游，走走停停，微笑挂在脸上。故乡的湖，你总是那么惹人喜爱，总是那么和睦而自由。

每当夏季，当你来到这里，来到这世外桃源。环湖路两旁绿树成荫，遮蔽着烈日的炙烤，如同深处洞庭之中。当你迎着清风来到古宇湖瀑布时，那从山崖之上一泻而下的瀑布，冲击着、洗刷着山崖下凹凸不平的石块。渐渐地，水雾变大了。淘气的小孩儿冲向瀑布，在水雾里感受着夏日难得的冰凉。老人也返璞归真，坐在湿滑的石头上，毫不拘束地脱掉鞋，开心的洗着脚。看着气势如虹的瀑布，可谓"飞流直下三千尺，疑是银河落九天"。

当冬姑娘乘着刺骨的冬风、带着过冬的野鸭来到古宇湖。成百上千的野鸭分成几块，散布在古宇湖两岸。野鸭

起风了

们在湖面上嬉戏、繁衍。小鸭们可爱又顽皮，有的潜入水里寻找食物，有的伸展翅膀在水面上滑翔，还有的依偎在妈妈身旁，就像小时候我依偎在妈妈身旁一样。

故乡的湖，你是我永远的眷念。你那飞溅的浪花，从前怎样一滴一滴地敲我的磐石，现在也怎样一滴一滴地敲我的心弦。

栀子花伴我成长

李鑫怡

我出生在六月，栀子花开的季节。

我家的窗前有一棵栀子花树，当我在牙牙学语时，它又长高了一头。在当时的院子里，有个小姐姐，那个小姐姐比我大三岁，经常来找我玩，正是夏天，院子里的栀子花又开了，整个小院子中芳香扑鼻。

那个时候，妈妈忙着工作，没时间带我，便把我交给外公照顾，外公虽然眉目严厉，却异常温柔，常常带我摘开了的栀子花。花上带有些露珠，露珠为雪白的栀子花添了些生气。

我常常端详着栀子花，未开花时，是一朵青色的小花苞，若长在杂草中，平凡无奇，但若是开花后，就如同一个青涩的小女孩儿一夜之间长大了一般，亭亭玉立。花瓣是她白色的礼裙，花蕊是礼裙的装饰，而花叶是她纤细的腰肢，花香则是她的魅力所在。

但就是这个在平凡中透着点不平凡的小家伙，陪我走过了一个个年岁。

花开时，我会小心翼翼地折下一枝，插在花瓶中，让幽香飘散到整个房间，顿时让原本有些闷的房间空气清新了起来。

一到花开的季节，我会折下几朵放在她家窗前，而她也会在月季花开的时节折几枝放在我家门口……

每当我不高兴时，闻到栀子花香，心情就会好上许多，栀子花也是我解除忧虑的好帮手，在忧愁时，看着它的花儿，仿佛一切都抛到了脑后。

不知不觉，栀子花陪我走过了十三个年头，每当花开时，折几枝放在花瓶中，让芳香浸满整个房间。栀子花不需要那些莫须有的赞颂，它只是做好一个快乐的自己罢了。

说起来，栀子花也是我与友情的搭路人。小学时，我和一位关系平平的同学被老师安排在一组探究花木。她与我一样喜欢栀子花，那些天，我们一起探究了栀子花的习性、栀子花的花期，在无形之中，增添了我们的友谊，而这一切的来源则是伴我成长的栀子花。

看，今年的栀子花又开了呢。

在失败中成长

昝志颖

小时候，院子的背后有座"陡峭"的小山坡，我曾无数次地幻想自己能爬上去，然后威风地朝着下面大喊。若要放到现在，我脚一蹬，便可轻易地爬上去；可这对于那时年幼的我来说，却是遥不可及的梦想。

那天早晨，屋角的风铃铃在轻轻地作响，似乎在预示着有什么事要发生。我从屋里走出来，抬头一瞥，看见了邻居家那个捣蛋的小孩儿正站在那小山坡的顶上冲我挥手。他冲我喊着什么，那意思似乎是希望我也能上去和他一起玩耍。

心里的梦想再一次被激起了，我跑到山坡下，脚踩上那个光滑凸出的石头，两手并用，往上爬。说实话，我曾经不是没有尝试过，只不过每次都是失败而归。

快爬了一半了，我往下看了一眼，顿时觉得头昏脑涨。两只手也开始颤抖，一脚踩空，"啪——"掉了下去。但我并没有哭，这已经不是第一次了，我似乎也已习惯了。

那个小孩冲我喊道："你没事吧？"

我摇了摇头，说："我还是不能爬上去呀，真没用。"

"不，你再尝试一次，从失败中汲取教训，不要害怕，不要往下看，一定会成功的。"说完，他望着我。

我也抬起头来望着他，心中莫名涌起一股力量。于是，我又回到那个起点，决定再次尝试。

我听了他的话，从失败中汲取教训，努力安慰自己不要怕，眼睛尽量不往下面瞟。时间与汗水不停地流逝，我的手背上也不知何时多了几条刮痕。但我不再像从前那样急躁，每一步都走得很小心，很稳。

终于，我爬上了山坡，站在山坡上，风从耳边徐徐划过，我感到曾经的梦想近在咫尺。

失败过，却也成长了，并且成功了。我感到喜悦。屋檐的风，铃铃又在清脆地作响，为这一切写下了完美的句号。

一棵树的教诲

王艺熹

"大自然是最好的老师。"虽然它的教诲，不如课本上的详细、整齐；但是这个道理却是我在它的引导下，悉心品悟出来的。

爷爷的后院里种了些小树，约莫两人高，树干粗细适中，向各个方向伸展开。弟弟欢喜的好，这树自然而然地就成了他的乐园。只见他双手各自握住两个树丫，抬起脚一蹬，又伸手抓住另外的树枝，把脚刚好放在树杈中间，稳稳当当地站在那里，煞是得意。甚至还舒服地卧在两根弓形树干上。我心中浮起一个疑问：这树天生就是这个形状吗？

弟弟伸手指着邻近的一棵树，高兴地说："那边还有一棵树！姐姐也试试？"

说实话，从小到大，我还真没爬过树。不是我不想爬树，每次我摩拳擦掌时，爸爸就把"女孩子爬什么树，一点都不淑女"挂在嘴边。这招屡试不爽，所以我还从未爬过树。不过今天老爸不在，我心里涌上一阵兴奋，毫不犹豫地爬了上去。这棵树的枝丫纷乱不堪，我好不容易扳断了几根小枝丫，才发现没有可以踩踏着继续向上爬的枝干了。再看周围那一根根弯曲的枝干，也没有地方可以休息，我只好无奈地下了地。

事后我跟弟弟谈起，他想了想说："姐姐，你要让树听你的话。"我十分不解地看着他。于是弟弟牵我到花坛边，指着那棵今年春天才栽下的小树苗："姐姐你看，那棵树长歪了，爷爷把它拴起来，让它听话。"我顿悟。

树也有生命，在你给它施加压力、重力时，它会选择宽容，宽容你给它的伤害，宽容你无情的每一次践踏，最后宽容地低下腰，宽容地给你更多空间.

十年树木，百年树人，树能如此，人呢？

桃 李 树

王雨洁

在小时候，家里有棵特别的树。我家的那棵"桃李树"，它读完了我的童年。

我脑海里的记忆：那个红铜铁的大门，差不多有两个我那么高，那扇门后有个大院子，院子的左边，有一棵特别的桃李树。

在我很小的时候，它最原本是一棵桃树，后来我爷爷想种李子树，给桃树钻了一个空，插上了李子树的幼苗。就这样，桃在左，李在右。

桃李树树脚边有一个台阶，夏天，我喜欢在那里跳上跳下，玩累了就在那里歇歇。桃枝茂密的树叶为我遮掩烈日，我喜欢看它被风吹动的样子，像绿色的海洋在起浪。这时候也是李子成熟的时候，翠绿配着紫红。我拿起一个就吃，咬了一口，还没来得及嚼就有一丝甜味溜进嘴里，我迫不及待地咬第二口，天哪！有一只肥胖的、白嘟嘟的虫子，我一下把嘴里的李子全吐出来，剩下的一半扔得老远。这也是我现在还不敢吃李子的主要原因吧。

秋天，是我来树下时间最多的季节了。我在台阶上坐着，总是仰着头，看那枝叶茂密的树枝上什么时候多出一点儿粉红，又会忍不住想起桃子的脆和甜。也不知等了多久，盼了多久，终于在翠绿中找到了粉红，"妈，快过来摘桃子！桃子熟了！"那时的盼望与高兴至今仍能真切地感受到。我品味了桃子的甜，又望了望那棵树，却不知，那样不经意的一望，却成了我永远也无法忘记的记忆。

我又一次重回已经拆了的家，那棵桃李树不见了，那里变得空空荡荡。

那个空旷的院子，那棵枝叶茂密的桃李树，它很平凡却很特别，它读完我的童年，它是我童年的伙伴。

我的"讨厌"妹妹

思 懿

我今年十二岁了，在我四岁那年，我的妹妹出生了。那时，我依稀记得我是高兴的，也不知为什么高兴。

她在同龄人中算矮了，整天穿着邋里邋遢的校服，系着根不像样的红领巾，头发乱七八糟的，笑起来，露出一个大门牙，唔，还有一个没冒出来。脸上脏兮兮的，眼下凹进去一个坑，既不是酒窝也不是梨涡。

总之给人一种邋里邋遢的感觉。这是因为她太调皮了。

她总是带着些同学在小区里，或是在家里，每次到饭点了还不回来，每次都是我去叫她，我心里就十分不情愿，一边走一边骂，最后下决心再也不和她说话了。要对她冷漠什么的，但我总是想与她说话，虽然同她说话很没意思，她懂得也不多嘛，但是我总会被她带到话题里去。

在我幼儿园时，幻想着她长大了可以陪我玩游戏，但我一二年级时，她总会在我的作业上乱画或撕了我的作业来折小船，三四年级时，我对她只有愤恨和讨厌。因为我总会感到她比我得到的多。

比如说：前年春节前夕，我也不知道有什么高兴事要跟他们分享，看着就要踏进房间里了，也许我跑得太急，脚下的地毯一滑，"轰"的一声，脑袋撞到了门边上，我硬是忍着没哭出声来，家里人走了出来，竟没有一个问我摔疼了没有。而是在骂我活该，当时我就哭了，不是因为疼，而是因为委屈。而这件事过去了没几个月，同样的一幕又上演了，只不过主角变成了妹妹，她一摔倒，"哇——"的一声大哭，奶奶把她抱起来又哄又是擦药，当时我也哭了，因为如此不公平的对待，心里对妹妹的恨意又加一分，想想爸爸常常说："我对你们都是一样的，你比她大要照顾她……"

可是自从去年春天，妹妹查出了心律不齐，全家人都慌了，我放学回来，家中没有一个人。晚上爷爷回来，告诉我这个消息，虽然我面无表情，心里还是有一丝慌乱。晚上奶奶打来电话，说妹妹的病更严重了。那个时候我没有任何表情，默默地睡觉了，其实我那晚手脚冰凉，冷汗津津。我虽然一度讨厌她，但她毕竟是我的妹妹啊。我不敢想象，没有她，我的生活将是什么样子。直到这时我才发现我并不讨厌她只是觉得不公平罢了。

通过她这次生病，使我想明白了，纵然我再讨厌她，她也是我的妹妹，一个可爱的妹妹，又有什么理由讨厌她呢？

童年的初冬

任雨茹

　　已是12月了，时光往往都是这般无情，总在指缝间溜走。窗外冬雨连绵，雨水打在雨棚上又透过缝隙留在窗上，往外看，一切宛如蒙上了一层薄纱朦朦胧胧的，什么都看不清，只能看个大概，透过雨珠，好像自己又回到了童年，回到了故乡……

　　初冬，道路两旁的梧桐树，许是因为历尽了太多风雨，早已经受不住凛冽的冬风，任其将已枯黄的树叶卷走，叶子被风吹的漫天飞舞，随后风停了叶子哗哗落下，不是金秋的叶蝶此番场景更像是羊皮纸从空中落下的样子，在这一片片梧桐叶上仿佛写着自己春天的发芽与成长，夏天的付出与收获，秋天的纷飞与辉煌，而这一切却又被残酷的冬风无情的摧毁。

　　一场冬雨过后，仿佛时间静止了一般，一切都归于平静，只是隐约听见风的声音。不远处，一棵老松树静立着，或许是不服老，青着脸抵御寒风。松针上挂着还未滴下的雨珠，泛着点点银光好似夜晚闪烁的稀落明星一般。

"滴答、滴答"树上的雨珠在风的催促下滴了下来，像是绝世美女的叹息一般带着伤感与轻柔，仿佛世间所有美妙华丽的乐章都敌不过这滴答声。地上积起一个个小水洼，叶落在上面，荡起水纹，水面轻颤着，好似古筝弹起的弦。

雪下了下来，是绵绵的小雪如花絮般散落下来，纷纷扬扬的不知是哪位如花般的仙子在空中洒下这团团白花。花落在手中，不一会儿化了，化成一摊水，比见底的溪水都要清澈；花落在树上，为树披上了白衣，雪白雪白的，比棉花还要温暖，比海潮都还要洁白；花落在山上，给山戴了顶帽子……

层峦叠嶂，透着一种巍峨。云绕着山飘浮着，像海潮般，一会儿把山顶淹没了，一会儿像退了潮般显出山顶；像轻纱般笼罩着山顶，透过白纱可以看见浓茂的树林与青青的山；像被子，盖在山上，似乎很温暖很柔和……走进云中，什么都是朦胧的，一切宛如虚幻般，偶有马匹走过，迈着缓缓的步子，似乎也和我一样在享受着这腾云驾雾的感觉。不知古时是否有哪位隐士在这里"一笑泯千仇"呢。冬日出来了，缓缓照向大地，照向了不远处的贡嘎山。此时的贡嘎山积着雪，在阳光的照耀下，整个山宛如天山般透着神圣，不知那里是否有仙人居住？渐渐地，太阳突出了云层，为山笼上了一层金纱。

回过神来，雨还在下着，自己却已是思绪万千，想想童年的自己不也像故乡的初冬吗，时而安静，时而疯狂，时而迷离，时而乐观……但是童年再也回不去了，只希望童年的初冬景色未变。

我爱故乡的小河

杨　珂

　　我的家半里外有一条大河，汹涌澎湃，气吞山河，滔滔似从天上来，每逢下雨，就会把那只用一块钢板搭成的铁桥淹没，那条大河是由许多小河汇聚而成，其中最大的一条一直延伸到了我们那个小村庄。

　　那条小河发源于我家村庄后的那座山丘上，在清澈的河水可以依稀看出人的倒影，它的上游的水可以烧开后饮用，中游的水可以洗菜、洗碗，下游的水可以洗衣服，而我们就居住在下游。

　　听奶奶讲，这河里有一位河神，神通广大，只要用这河边的草做一艘船，再将自己的愿望写在纸上，放进船里，晚上河神就会把船接走，实现你的愿望。第二天，我和六岁的弟弟淼淼就开始做船了，最后经历九九八十一次失败，花费了两个星期，终于做好了一艘在我们看来几乎无敌的草船，平时能把天闹翻的野性已完全收敛，毕恭毕敬地把船轻轻放在水面上，激起一阵阵涟漪，舟随水行，不一会儿，轻舟就已过了万重山，忽然，一个捣蛋的浪花扑向小船，小船沉了，我们不惊反喜，大叫："河神把船带走喽！河神把船带走喽！"

盛夏时节，我和淼淼在水中泡着，看见打鱼的爷爷，想，我们也要捉鱼。于是，我们便揭开了爸爸睡觉用的蚊帐，对着床上鼾声如雷的爸爸敬了一个礼，一溜烟儿跑了，这明明是一床蚊帐，可在我们看来，这就是一张顶好的大网，一天下来，嘿，还真打了不少鱼。爸爸最后对我们的惩罚是：揭掉我俩用的蚊帐，让我们去喂蚊子。

啊，两年了，终于要再次回去了，好久不见，我的小河，你，还好吗？

最熟悉的陌生人

昕　妍

多年前的一个初春，万物复苏，星星点点的嫩绿像是从天国上不小心洒出的备给春天的颜料，无意间点缀了世界。在广场不起眼的一角，你看见了她——她正站在一颗小梧桐树下，微微仰头，端详着那轻透的天空：蓝得那么透明，蓝得那么轻盈，像是画手随意地铺了一层水彩。你不自觉地向她走去；她见你，便笑靥如花。那是说不清的一种隐形的默契。

一切都好像是命中注定。只是不经意地一瞥，你认识了她；只是不经意地一笑，她成了你的朋友。从此，四处都有你们的足迹，心房里满是你们欢声笑语的印记。上学、放学的路上，总能看见你们和谐的背影，银铃般的欢笑声洒满道路。那天，你们说，要一直做朋友；那时，火红的夕阳正肆无忌惮地涂抹在天际……

就如那泡泡，再美好的东西也经不起时间的考验，它破灭得那么悄无声息，你还在迷茫之中，还未察觉，但破灭后再怎么拯救也拯救不了，……你还是那个你，而她，或许已不再是那个她了。就算你们依然会同行，就算欢笑声依然伴随。可是，你发现你经常找不到她的影子了，欢笑声越来越少……你好像察觉到了什么。在你内心挣扎时，你终于寻到了她的身影，可她的目光只是扫过你，转过头去呼喊领一个名字。没有回应。你看到她失落地转身了。你跟了上去。她看见了你。一切都是沉默，沉默，无尽的沉默，气氛压抑到让你无法呼吸，心中的阵阵涟漪仿佛要淹没这美丽又丑陋的世界……

你知道了。

你明白了。

它真实到让你无比无奈，它真实到让你疑惑不解，它真实到让你难以置信……你不知道，她为何这样做，或许，你已没有资格知道了；你不会阻止她，也无法阻止她，因为你相信，她总有原因。友情一旦被摧毁，便再也无法挽回。那颗夕阳下说好永不分离的心，早已去往天涯，无处寻觅。你左右不了她的选择，就这样吧，你虽不能随愿，结局虽不美好，但也算终了。斑驳的记忆摇晃着昨天，你的笑显现出承诺的苍白，沁过心间的思绪，噙着透骨的悲哀……回忆太短暂，记忆太长。算了吧，让往事都随风而去吧，不然勾起尘封的记忆，伤心难过，不如忘了。

恍惚间，你好像不认得她了。

你最终是感谢。感谢这萍水相逢，给你难得的少年增添了一抹难得的色彩。

那年冬天，你们相识的那棵梧桐树最后一片承载着记忆的叶子已随风飘落。那么，你曾经的朋友，她自己的决定，你只好对她说声：

"有缘，再见。"

一次相逢一次暖

成都·薄荷凉夏

皓 玥

　　从站台向远处望去，只有一片夏日里的香樟，悠悠的一片，将过滤的阳光斑斑驳驳地印在马路上。此时此刻的生活缓慢而安静，让人不知不觉地爱上成都的慢生活。

　　也不知从什么时候起，我爱上了成都那些古色古香的地方。走在宽窄巷子微暖的青石路上，感受脚下阳光带来的热度，听着耳边独特的轻音乐，放慢步子，你会发现成都的夏天格外清凉；漫步在锦里平整的石路上，聆听街边小溪的歌吟，碧绿的水草曼舞在清凉的水底，去一家茶馆，要一杯绿茶，静静地坐在茶馆里，远离外界的喧嚣，任那一股股茶香萦绕在你身旁，你会发现成都的夏天格外凉爽。

　　或许，戴上耳机走在春熙路上，也是一种生活格调。看身边快步走过的人，三三两两，有说有笑。热闹繁华的春熙路还承载着这个城市独特的文化，从1924年至今，春熙路已成为了成都人不可缺少的一部分，这里是休闲娱乐的天堂，是万千成都人心中理想的商业圣地。

与其窝在家里看电视，还不如到杜甫草堂感受成都的文化底蕴。诗圣杜甫的故居是成都，是中国文学史上的圣地。慢慢地走着，走着，你会发现，这里真的脱离了凡世的喧嚣与尘埃。幽静的小路通向竹林深处，耳边只有竹叶飒飒地响着，让人不禁感叹，当年杜甫在这样的地方躲避"安史之乱"，在战火中，恐怕也只有这样的地方才能得到永世的安宁吧。

夏天里的成都，带着微微的薄荷香，戴上耳机，听听音乐，感受生活带来的旋律，缓慢而又轻松；让夏天的阳光尽情地沐浴在这个古色古香的城市，让高大的香樟肆意地洒下一片片浓荫，让清凉的微风拂过脚下发烫的路面，让我们放慢步子停下来，看看身边缓慢而舒适的慢生活。

成都，一个夏天里带着薄荷香的缓慢城市。

我心中的生态科技城

毛 草

一大片调皮的阳光洒进房间，刺眼，却感觉不到一丝热气。"起床啦！起床啦！主人快起床！快起床！"我呆呆地坐起身，睡眼惺忪，智能闹钟知趣地闭上了嘴，保姆机器人滑过来帮我换好衣服，并递上早餐。

邻居家的小孩儿正吵吵闹闹地出门上学，"又忘带东西了！快回来，总是这么丢三落四……"小孩妈妈温柔的责怪声透过小小的黑色传送机传到小孩儿耳朵里，刚走出几步路的孩子迅速折返回家，拿上拇指大小的学习芯片，作业、教科书、课外书、动画片等各种各样的内容都在这里面。

我咬了口新培育出来的种子面包，偷偷地笑了笑，二十年前，当我像他这么大的时候，还要背着沉重的书包去上学呢。现在的孩子，方便多了，想想以前，真是个噩梦。

我理了理衣服，准备出门，我对所有家电说："今天晚上我晚点回来，记得把屋子整理好！"

瞬间，所有家电一齐闹哄哄地对我说："主人再见！"冰箱："主人，再给我带点吃的哦，人家都饿了嘛。"室温调节器："主人，我可以不工作了吗？我工作了一晚上，好累！"闹钟："主人主人！明天早上我还要不要叫醒你啊？"

"……"

真是一群笨蛋家具，我关上门，把这些声音隔绝在屋里。

"今天我得记录下这座城市的绿化环境，真是个倒霉工作！唉，平常乘上飞艇，想到哪儿到哪儿，别说，还真没仔细观察过周围的环境呢。"我一边自言自语，一边拿出迷你录音机，只有普通花瓣那么大，携带方便，还可以别在头发上，虽然它没有安装语音系统，但很聪明，一点也不像家里那些打着智能家具名号的傻瓜机器，所以我特别喜欢它。

我边走边看，名车飞驰的路边栽满了各种稀有的名贵树木，一棵的价钱等于一个机器人，我不可思议地摇了摇头，这样比起来，我还是更喜欢我家门口那两棵芭蕉树。

美丽的薰衣草散发着香气，似一群穿着紫色裙的小仙女在翩翩起舞。向日葵把自己灿烂的笑脸献给太阳公公，太阳公公也把自己的光芒洒给这一片可爱的花儿。别墅前的私家花园，是孩子们的最爱，他们笑着，跳着，像一只只无忧无虑的小精灵。

我边走边把自己看见的录进录音机里，今昔非比往日，二十年后的成都环境就如同二十年前意大利的卡尔加里，整座城市干净得不像话……

马路上的车辆都特别遵守交通规则，供穷人免费乘坐的汽车也行驶在自己的专用车道上，行人们从不乱丢垃圾，只要你违反公约，马上就会有一个交警机器人把你押去居民派出所。

这座城市的夜晚，没有繁星点点，但有光，傍晚的街道上霓虹灯亮起，配着万家灯火，竟比那群星照耀的城市还要瑰丽。这座城市的冬天，没有雪，但有云，雪是落入人间的云。这座城市的秋天，没有红透了的枫叶，但有花，花瓣飞舞，交错成一曲优美的华尔兹。

二十年，足以改变一切，没有什么不可能，成都，这个天府之国，它的未来，一定繁荣昌盛！

逐"海"

魏伊铭

阶前老老苍苍竹，
却喜长年衍万竿，
最是虚心留劲节，
久经风雨不知寒。

——题记

叠翠流金来临之际，一阵阵秋风把我们吹到了长宁，吹到了天下奇观——蜀南竹海的茫茫林海之中。

一路上，我一直在琢磨一个问题：既然四川处处可见竹，为什么爸爸妈妈还要特意带我去看竹海呢？带着这个疑问，我进入了蜀南竹海。

我们走到了竹海的第一个景点：忘忧谷。这个小峡谷位于两座青山之间，泉水在谷间流淌。我找了个长凳，坐

一次相逢一次暖

了下来，细细地品味着这山涧的美，体会着山涧的韵味：汩汩的泉水从泉眼冒了出来，听那清脆的声音，仿佛真的可以把自己的忧郁和烦恼抛到九霄云外，使人心旷神怡，忘记凡尘中的一切。再看那竹林，宁静而安谧，发出一阵阵清香……突然，一阵"沙沙"声打破了宁静，睁眼一看，哦，原来是风在作祟。在徐徐清风和竹梢"沙沙"的歌声中，你还可以哼着小调，放松心情，走在铺满鹅卵石的小路上，啊！那真是一种美的享受。

再随着人潮的涌动，我们奔向行程中最令人期待的景点——观海楼，俯瞰竹海。我们先坐索道到达山顶，在车厢里，我按捺不住自己的兴奋，兴奋中又夹杂着一种莫名其妙的紧张。上了山之后，我们直奔观海楼。在观海楼顶俯瞰那竹海，我不禁发出一声赞叹："啊，这简直是一片绿色汪洋。"随着山势的起伏，一层层竹子就仿佛是一层层绿色的波涛！层层叠叠，碧波起伏。而我，此时此刻就站在船上，像一位历经磨难的老船长。站在观海楼上，仿佛飘于云雾之巅。再看那竹海，一马平川的绿色映入眼帘！天穹之下，一排排的翠竹矗立在土壤之中、岩石之上、悬崖之间，经过风吹雨打，仍然直立不折……

哦，明白了！我解开了心中的疑问，为什么要来看竹海？原来不仅是欣赏美景，更是体会竹子坚韧不拔的精神……

我陶醉在这山水之间，流连忘返，我被这大自然的别有天地所折服；我沉醉在这鬼斧神工之间，恋恋不舍，我对大自然感到深深佩服。

　　竹海之美，美在那竹海之梢，美在那山涧之间，美在那坚强的心。

翠绿蒙顶山

何如麒

我家住在名山，在我的家乡，有一座世界闻名的山，那便是蒙顶山。

"扬子江中水，蒙山顶上茶。"这句千古名言说的就是我们名山的茶叶，名山茶叶品质优良，口感醇正，从唐朝开始便列为贡茶，每年进贡朝廷。名山种茶历史悠久，两千多年前茶祖吴理真便在蒙顶山山上开启了人工种植茶叶的历史，名山也称茶祖故里。

蒙顶山上遍地是茶，远远望去，一大片一大片满是的，像许多块碧绿无瑕的翡翠一环环、一层层地堆放在一起。深的幽绿，那是一片老茶；浅的嫩黄，那是一片新茶，它们每日与阳光和空气自由对话，与风雨玩游戏，看着夕阳与朝霞捉迷藏，在青山绿水间自由地生长。采茶女从早到晚都在忙碌地采摘茶叶，那灵活的手指，迅速地采摘着一片片新叶，手指和茶树叶摩擦发出"沙沙"声，宛如天籁之音一样美妙动听。刚刚采摘的鲜叶马上送进工厂加工成精美的成品茶和茶叶制品，第二天早上远在西安、北京、上海的人们就能品尝到清香浓郁的蒙顶茗茶。

不仅如此，蒙顶山上古树众多，一条盘山公路从山脚一直延伸到山顶，就像一条蜿蜒的长龙，越往山顶，古树就越多、越高大。古木苍松，千年银杏数不胜数，一棵棵古树粗壮挺拔，树干要几个人才能围住，茂密的枝叶高耸入云，如同在山间撑起一把把巨大的绿伞，遮住了炎热的烈日，来自四面八方的游客在下面纳凉、休闲品茗，小孩儿在树下玩耍嬉戏，好一派热闹景象。站在山顶的古树下，放眼望去满是苍翠，层层叠叠。绿色是那么的醒目，它们用自己的力量创造出了这一片绿色的汪洋，美不胜收。微风吹来，满山的绿色随即舞动起来，绿色的浪花占据了整个眼球，我从未见过如此的绿色，世间万物都会被这绿色所震撼，所陶醉。我仿佛也变成了一棵小树，跟着舞动起来，一缕缕清风拂过脸庞，令人心旷神怡。

蒙顶山也是天然氧吧，在这里，您会远离城市的喧嚣，远离生活的烦恼。蒙顶山的绿会让您身心愉快；蒙顶山的绿一定会让您流连忘返。让我们一同去感受蒙顶山的美，去感受大自然的神奇吧！

清 明 时 节

马诗琪

清明清明，不知应作何解释，但仿佛一看着这俩字，众人都想到了祭奠，为去世的亲人、未辞别的先烈，为悼念逝去的灵魂。众所周知，它亦是二十四节气之一。

"清明前后，种瓜点豆"，清明一到，世间已满是嫩绿，犹浓犹淡，青翠欲滴。让人赏心悦目，心旷神怡，也正应了那清澈明净的称号。

不得不说，清明是美的，不似夏至那般热情奔放，不同冬至那般寒澈冰骨，不像春分那般明媚闪耀。它的美似江南女子一般柔韧娇弱，那风韵是融进了骨子里，是天生的风情，撩拨着众人的心，那柔柔的雨丝，似针、似绸、似清泪，罩起一片白雾，笼起一层薄烟。像是"她"浅浅的叹息，像是"她"轻轻的呼唤，径直流进人的心房，抚慰着创伤；像是情人小声的耳语，像是修女诚挚的祈祷，划入云霄天际，安抚着灵魂。

　　清明时的天空是不同的，那一片染着忧郁的蓝色，迥异于平日的蔚蓝，天空中总是渲染着浅浅的灰，覆着一层淡淡的云雾，映衬着堤上满是的新绿，总显得几分黯淡几丝愁绪。或许，这是亡者对尘世的思念。

　　清明既是节气又是节日，既预示着新的开始，也饱含着对过去的人的无限思念，矛盾而又和谐。也许，这是先人留下的惦念与期盼，在如此的日子里，一切都是那么自然。

　　清明时，多了那几丝雨，多了那几汪愁，多了那几幅绿，多了那几方思，才显得如此动人。早已分不清是农耕的开始，还是旧人的曾经。

　　"清明时节雨纷纷，路上行人欲断魂。"

春，你好

王雨洁

你是枯枝上的一抹嫩绿，你是草丛中的一抹粉，你亦是枝上鸟儿的婉转歌曲。春，许久不见，却依旧一如既往。在闲暇的时候，不经意向窗外一望，春，你来了呵！

向窗边的景色一望去，许是巧合罢，干枯的树枝有了些不同，一抹抹绿出现了，小小的芽儿显得些可爱。也不是一枝，其他的树枝也亦是如此。再往下看些，树身也点缀了些嫩绿。春，你多喜欢绿啊！连原本杏叶铺满的土地也为了你，换另一件衣裳。

人们也不闲着，春色见惯了，却也不腻，出门散散步罢，十分耐心地看着春表演。偶尔下了些细雨，人们也不慌忙，撑起伞在蒙蒙的雨雾中散散步，亦是件有趣的事。走到田埂边，嗅到一丝清香，实是油菜花的香味。细看些，黄色花竟是小花堆积而成的，一小朵的香也不小，小朵的黄花中还有小根绿色。雨的清爽伴着花的清香，这幅田园图也称的上名画了吧。欣赏着春的表演，雨竟越下越小了，蒙蒙的雨雾里透着些神秘感。

西方的红渐渐出现了，是时候回家了。春，你的表演谢幕了吗？没有，你摇了摇头。你说的对，家里小小的院子怎么怎么也藏不住你。那棵左是桃右是李的大树也让你装扮了，实是多了几片新叶，还嫩绿嫩绿的。在小院子里吃饭，你还是要展现你的风姿，你偏要引人注目，桃花的粉红也让你点缀上了。我也想念我的葡萄藤了，嫩绿的藤蔓，枫叶一样的叶子，一副活泼的样子。桃花花瓣也过来热情的拥抱你了，为你点缀些白点。风是嫉妒了吗？我没有在意你，你怎是越刮越强？引起我的注意了。凉凉的风吹动着树叶，许是心疼痛的"沙沙"响的树叶了罢，弱了一些，微微清凉。天色渐渐暗了下去，春，你是累了吗？没事，明天又换上你的舞袍，展现你的风姿吧。

春，许久未见，你还是那样，虽是旧识，但还是对你说句旧话："春，你好！"

四季颂歌

阳雨乐

四季，或云彩暧昧，或昊空幽蓝，或氤氲缭绕。总而言之，春夏秋冬，一年时光，娓婳如歌。

春颂·桃赋

迎旎旖之春风，嗅馥郁之芬芳。融玉龙雪山之巅的残雪，化九曲黄河之面的残冰。风吹来，吹开了桃花的花苞，粉嫩的花瓣微微开放，亭亭玉立于残雪覆盖的枝头。"行到中庭数花朵，蜻蜓飞上玉搔头。"这是早春的生机勃勃。旭日朝霞，炫丽地绽放于蔚蓝的天。阳光并不强烈，柔柔的，穿透嫣红的桃瓣，一种恰到好处的美，翠绿的嫩叶被染成一片耀眼的金黄。桃花粉色的妖艳，绽放在绿叶衬托的璀璨阳光里。春风留恋于桃的花瓣，镌刻成一首动人的春颂。

夏赞·莲诗

微风拂面，暖融融的阳光穿透翠绿的屏障，洒在泛着涟漪的水面，像撕碎的黄金，微微荡漾。"莲出淤泥而不染"，圣洁的白莲盛开在波光粼粼的水面上，亭亭玉立。晚春早已退却，烈日高悬于碧空，映得一切都像笼罩上了一层薄薄的璀璨光辉，那么神圣，那么高贵，又那么神秘。那些盛开于春天的繁花，此时早已偃旗息鼓，不堪一击。白莲如寒冬中绽放的蜡梅，孤傲挺立；似那沙漠中美丽的玫瑰，不管环境再恶劣，不管自己是否有那其他植物的"生命线"——根系，一样盛开，一样绽放。白莲，洁白如雪，衬托出莲叶翠绿如碧水。"接天莲叶无穷碧，映日荷花别样红"正描绘了盛夏这最高贵的篇章。

秋歌·菊词

枯黄的落叶似堕落的病蝶，奋力挥舞残翅，在空中翻跹着，无声地完成生命中最后一支壮丽的舞曲。古老的银杏洒满街道，铺上一层厚厚的地毯，软软的。金黄的道路宣告秋的到来。沉甸甸的果实压弯了枝头，田间的阡陌沿着蜿蜒的山势逶迤而行，布谷鸟翩翩飞翔，引颈鸣唱，到处是一片丰收的景象。秋风瑟瑟，雏菊盛开金色的薄瓣，风卷起薄瓣，整株雏菊在风中摇曳。雨，下起来了，水滴击打着伶仃的雏菊，一瞬间，它那么坚强，却又在风雨中那么不堪一击。"鬓从今日添新白，菊是去年依旧黄。"风停了，雨止了，雏菊的花瓣散落一地，支离破碎，淡雅的清香弥漫在空气中，混合着稻香和湿润的泥土气息，组成一种奇特的气息。这是秋的气息，秋独特的气息，那样孤单，又那样丰盛。

冬语·梅曲

鹅毛大雪，纷纷扬扬，自天而降，一种神秘的美突显在冰天雪地里，雪白的大地连接着雪白的天空，一时间，整个世界都是圣洁的颢白，分不清东南西北。在残破的墙角，一个被人们遗忘的地方，正绽放出生命独有的靓丽色彩，那是一株蜡梅，小小的花苞挺立着，迎着鹅毛大雪缓缓盛开。那是在毫无生气的寒冬中生命的象征。"墙角数枝梅，凌寒独自开。"铮铮铁骨，绝不向困难低头，这是傲骨梅花的生命象征。那么平凡，那么渺小，却又那么孤傲，那么高贵。在大雪纷纷扬扬的寒冬里，梅无畏开放，高傲的君子，成为严冬的写照，桀骜不驯。

倾听春的生机盎然，鸟瞰夏的姹紫嫣红，细嗅秋的香飘四野，轻抚冬的傲雪凌霜。这就是四季，娓娓如歌。

繁　夏

张婧珂

　　那年的繁夏，我离开了哺育我六年的小学。回头看看，或许还能听见、看见，稚嫩孩童用稚弱的声音说着幼稚的约定……

　　"同学们，让我们放飞理想，自由翱翔！"主持人甜美的声音没了往常的婉转，却多了些刺耳。毕业典礼结束了，大家都散了，我一个人独留在操场，久久地凝望着。"嗨，走了，干吗傻站着？"朋友拍拍我说。我低着头，冷冷地开口道："要走了，不看看吗？没准以后可回不来了"。我忽地抬起头，直视着他的眼睛。

　　他的笑容一下僵了，眼眸里的星光也黯淡了。嘴角勉强挂起了一丝苦笑，也不答，走了。"你不想回去吗？"我对着他的背影有些不甘心的说，"回到六年前？"他顿了一会儿，头也不回地走了。我独自穿过长长的走廊，那儿没了欢笑，却多了叹息；回到那饱含书香的教室，那儿的桌椅杂乱地摆着，没了读书声，空荡荡的，心也空荡荡的，学生们脸上没了笑容，沉着脸，快步走着，毫不留恋似的，可当我们蓦然回首，谁能明白我眼底的苦涩？真的不怀念吗？也许吧。

他们走了，不会回头了。我无数次地去幻想未来，却总想起与他们在一起的时光，单纯得像洁白的云朵，却又美好的像斑斓的彩虹的时光。我曾想过分离的滋味，但总是自嘲地笑笑，讨厌自己想太多。原来分离是痛心的，像一只手狠狠地捏着心脏，像窒息。

我们像一匹匹白马驹，走在时间的悬崖上，到了成长的分支路，有些向往着白雪公皑皑的北方，有些向往神秘的东方，有些却向往着靠着辽阔大海的西方。那些分开的马驹却再难回头了，因为——一旦回头没来得及往回跑，便摔下了那道叫时间的、残酷、狭窄，却能制成美好的悬崖，粉身碎骨！

还记得那年盛夏，心愿无限大，说好一起走的路、做的梦，却在成长的日子里慢慢消磨殆尽，直到第一次分离才知道——那不过只是童言无忌。

拥 有 阳 光

张扬瑄

电视偶然弹出的一条新闻吸引了我的眼球，一位五岁自闭症患者小女孩画出如同人间仙境的画卷。一幅幅绚烂的画的确令人赏心悦目，只是欹歔女孩患了"与世隔绝"的病。一个患病的孩子为什么可以画出那样难以用言语形容的艺术品，何况，她才五岁。没有找到确切答案，我也渐渐淡忘了这件事情。

今天，去公园散步，阳光很明亮，很温暖，照在身上，有一种说不出的舒适感，沐浴在自然中，被阳光洗礼一番，也是一种享受吧！花香化作粉红的暖流淌进我的心中，鸟儿的嬉笑声像一个个美好的音符跳进耳朵。

"哎呀！"正当我陶醉在这令人痴迷的大自然中时，一个人狠狠地撞了一下我，肩膀隐隐作痛。眼睛来不及顾及肩膀，却在搜寻"罪魁祸首"，结果只是出乎意料地看

一次相逢一次暖

到，一位老人焦急地转来转去，一边愧疚地说着"对不起"，我好奇地走近一看，老人戴着一副墨镜，头上还有一顶洋气的帽子，手上拿着一个葫芦丝和一把拐杖。我一边打量着老人，一边说："没关系。"老人听到声音，猛地转过头，一个劲儿地道歉："我眼睛看不见，撞着你实在不好意思！"什么！老人竟然是个盲人！没等我反应过来，老人又说："我还有演出，就先走了！""没事没事！"我应付着老人回答，心里却暗暗嘀咕：这位老人真奇怪！我下意识地关注着老人的一举一动，他真的是去演出没错，可我却不相信他能吹出好听的曲子。

"阳光总在风雨后……"主唱优美的声音宣告了演出的开始，老人将葫芦丝举到嘴边，深吸一口气。不知怎的，自己没演出，心却提到了嗓子眼。演奏开始了，老人竟然毫无瑕疵地将这首现代曲子以古风的方式完美呈现。曲终，人们还沉浸在老人的演奏中，混杂着热烈的掌声，我也情不自禁地拍手称赞。

回到家，特地又去搜索了几个月前的那条新闻，细细品读，再回忆起今天的盲人老人，心中渐渐泛起了一些想法——关于那个问题的答案。

老人的世界没有光明，他能演奏动听的曲子，可能不仅仅是他热爱音乐，更重要的，是他心中拥有阳光，拥有希望，无论遇到什么，都会用自己喜欢的方式积极地生活，而五岁小女孩儿的画作，璀璨如梦境的作品，应该想

要告诉我们，虽然自己患了病，但仍然渴望美好的境界，
因为——

　　"我们还有阳光啊！"

一次相逢一次暖

高 露

暖？什么是暖？是心与心的共鸣，人与人的信任，或是人与自然的融合。

暖，是潺潺春水，挣脱了寒冰的禁锢，它们又化身春的精灵，播撒着春天希望的种子，柔柔的，潺潺的淌在人们心里，流在大地的襁褓里，灌溉着生机勃勃的新生命，用暖暖的水流滋润了春天。

暖，溶溶春光，斑驳零碎，透过映照着晶莹透绿的新芽，似乎看到了整个明媚的春天画卷，那慵懒的阳光，似乎才是这画卷中的一抹亮色。它啊，用温暖的光辉照亮了春天。

暖，是煦煦春风，绕过指尖与我撞个满怀，挟裹着新清的青草味，久久不能忘怀。它是多么温柔慈爱，让柳条为他倾心，在空中与它热拥舞蹈。舞倦了，就垂落着，任它轻抚慰籍。瞧吧，一夜间，嫩芽如春潮般涌上枝头，颇有"忽如一夜春风来，千树万树梨花开"之气魄。极目远眺，那绿不是一簇簇的，更不是一朵朵的，是一望无垠的，是迸发着生机的，是暖洋洋的春风啊，用暖暖的喃语唤醒了春天……

是啊，暖就是人与自然的相逢。是那一汪春水触动指尖，然后又涤荡进心间；是那春日融融，吞噬着寒意，映在脸庞，映在心上；是那春风绕过一切蓬勃，带来一切粲然，抚平一切犟蹇不羁，世间只剩下美好温暖。

只要心中有自然，每一秒相逢，都为心口铺上茸茸温暖的绿意。

含泪的微笑

刘思源

"童年啊！是梦中的真，是真中的梦，是回忆时含泪的微笑。"童年是美好、快乐、无忧无虑的，小学时就经历了六年这样快乐的时光，留下了许多美好的回忆，最使我难忘的是六年级那次军训，同学们用纯洁、团结的心聚起了一个完整的班级。

那是一个春暖花开的季节，我们踏上了军训的旅程。最使我印象深刻的项目是"团队浮桥"。就是两个同学为一组，对着站，扛着一根木板，一共排下去十组左右，剩下的同学一名当啦啦队队长，五名当保护人员，其余的同学依次爬，每个爬完的同学要下去换一个正在扛木板的同学。我们班有个低血糖的女生，起初，她不敢爬，但全班同学都鼓励她上去试一试，她同意了，刚刚上去，她便有低血糖的反应，我们看着都觉得特可怜，她以乌龟似的速度向前爬去，有几次险些就要掉下来了，看着真叫人心惊胆战。我看见许多同学眼圈都红了，或许，是因为感动，我们都哭了，边哭边给她加油："典典，加油，你一定能成功，我们都相信你。"终于，到终点啦！活动就在我们的呐喊声中结束了。

结训仪式再一次使我们含泪微笑。上午十点，太阳火辣辣地挂在天空，老师们都来了，教官突然说："你们要选两个团长，一男一女。"当时，我们都不敢举手，一会两位班长的手举了起来，教官果断地选择了他们，教官让我们站军姿，做向左转向右转等动作，全班同学只要有一位同学做错，老师与两位团长就要为我们承担，后果——一人做错罚跑五圈，共做了三次。第一次有七个同学做错，他们要跑三十五圈，前几圈，我们都觉得没什么，但跑到第七圈时，我发现老师与两位团长有些累，心里就在责怪自己与那些做错了的同学，又跑了几圈，老师与两位团长都撑不住了，我流泪了，终于，教官叫停了下来；第二次，竟又有五位同学做错，现在，我们都忍不住哭了；最后一次，终于没有同学做错了。这时，教官问："现在你们谁想来当这个团长？"同学们纷纷举起了手，大声说："让我来！让我们来！"可团长摇摇头，将我们的手放下，说："同学们，别哭，我们要勇敢、要坚强！"老师们都来安慰我们，我们抹了一把泪，说："嗯，我们不哭了，我们要坚强、要勇敢。"我们忍住了哭声，拥抱了老师和团长，活动到此为止了！

　　"童年啊！是梦中的真，是真中的梦，是回忆时含泪的微笑。"含泪的微笑，告别了童年，我们渐渐长大。

生活真是美好

刘　菁

这是一个午后，雨才刚刚离开，天阴沉沉的，让人不免产生一些消极的情绪。烦人的雨珠直直砸向地面，弄得从房檐下路过的人不得不用手挡住头，并匆匆跑过去。教室里人声鼎沸，犹如一个小型的菜市场，唯有一丝有生气的虫叫与鸟鸣也被淹没在了这巨大而无形的声音里……

我望着这副景象，懒散地打了个哈欠——一上午的学习已经让我有些困倦和乏味了，午后那种令人昏昏欲睡的气氛更让我提不起精神。好无趣啊！我有些烦闷地想。

上课铃响了，教室里的喧闹声逐渐消弱了。我缓缓拿出书，强打起精神，静静地等待老师来上课。只见老师满带笑容地走进了教室，一副容光焕发的样子。这一定是一位热爱生活的老师。我十分肯定地在心里说。看到这样一位老师，我的心情也舒畅了许多，我稍微调整了一下坐姿，也精神了起来。

这节课是品德课，和往常一样，同学们都积极地举手发言参与讨论。谈到梦想这个话题的时候，老师给我们看了一段视频，它讲述了几个空巢老爷爷乐观面对生活的故事：这几个老爷爷有的患有心脏病，有的检查出了自己得了癌症，并且他们都患有关节炎，亲人们也都离他们相继而去……然而，生活的艰辛和命运的残酷并没有击垮他们的斗志，反而让他们愈加坚强——每天，老爷爷们坚持去锻炼，汗水已经浸透了他们的衬衫，我却没有看到他们有一丝想放弃的样子。那眼神里充满了坚定，还透露着一股倔强。清爽的海风拂过他们的历经沧桑的脸颊——那是岁月留下的痕迹。风儿轻轻扇着，将他们卷入回忆中——年轻时的他们，年轻时的老伴，以及那翻卷的浪花……海鸥从海面上展翅飞起，他们望着这片熟悉的土地，眼神更加明亮了！

最后，屏幕渐渐熄黑，一个"梦"出现在了屏幕中间。视频播放完了，整个教室静得出奇，大家都意犹未尽地盯着屏幕，陷入深深的沉思之中……我心潮汹涌澎湃——梦想只能是雄心壮志吗？不是的。梦想是由一个个简单而平凡的愿望组成，就像老爷爷们一样，他们的梦想就是在有限的生命里，乐观而精彩地活下去，点亮生活，创造生命的奇迹！

我为自己之前的消极感到惭愧，和老爷爷们比起来，我有更多的时间和更好的生活，为什么不能像老爷爷那样乐观，充满活力地生活下去呢？我抬起头望向窗外——天似乎亮了些，风儿温顺了许多，它轻轻拂过树梢，发出"沙沙"的声响。雨珠仍调皮地往下跳着，装点着生机勃勃的大地……

我挺直了背，精神抖擞，整个人焕然一新。我微笑着望向老师，眼神格外坚定——就让我乐观而充实地度过这个青春吧！听着远处悦耳的鸟鸣，"生活真是美好"，我心里有一个声音说。

在灯光中成长

李馨蕊

　　我，就这样长大了，成了白河实验学校的一位学子。我有一个温暖的家，但我最忘不了的，是那个饱经风霜，已经入土为安的人——我的爷爷。

　　还记得那时，父母工作忙，没时间管我，接送我上下学的任务便落在了爷爷身上，爷爷很疼我，由得我玩到很晚，他认为：孩子还是要教育的，但不能因为教育磨灭掉了孩子渴望自由的心。爷爷每天接我放学时，都会拿一个小小的手电筒，因为那时是冬天，天黑得早，而我又胆小，怕黑，所以我每天都带上。

　　有一次，我在同学家做作业做到很晚，走出门时，爷爷在门口等我，我一下子扑上去抱住爷爷，爷爷从他的袋子里拿了一个烤红薯给我，我从爷爷冰冷的手中接过那温热的袋子，然后跟着爷爷往家里走，但我怕黑，很怕，走在路上，路边冷冷的路灯照在我和爷爷身上，映出我和爷爷一高一矮，并肩而走的影子，模糊地，四周黑的厉害，只有路灯发出的一点白光，我和爷爷踩着雨后未干的小水洼缓缓前进，我第一次感觉到回家的路那么长，一些稀稀疏疏的声音像幽灵似地从耳边飘过，我打了个寒战，不由得抓紧了爷爷的衣角，爷爷好像感到了我的害怕一样，变戏法似的从衣兜里拿出了一个小巧的手电筒，打开开关，橘黄色的灯光一下子照亮了脚下的路，光并不是很亮，却像阳光一样，暖暖的，我抓紧爷爷衣角的小手也终于有了一丝温度。我仰起头，就这样看着爷爷，爷爷也停下脚步看着我："乖孙女，怎么了？""没事，就是想要爷爷一直陪着我。"爷爷笑了，笑得那么舒展，那个笑在我心里那么深刻："傻孩子，爷爷会一直陪着你的。"我不语，松开爷爷的衣角，走在灯光的最前端，走了几步，我突然转过头，笑着问爷爷："这光为什么一直跟着我走呀？"爷爷又笑了："因为它喜欢你呀！""这光喜欢我，不喜欢爷爷！"我嘻嘻哈哈的声音就这样回荡在的街上，谁也没有注意到，一滴清泪从我的脸上滑落下来，滴在了马路上，就这样消失了

爷爷，他骗了我，他没有永远陪着我，我甚至见不到他了，他是个骗子，骗了我，骗了所有人。可就是这样一个骗子，却让我如此怀念。

他在我十岁那年离开了我。两年后，我独自走咱空旷

无人的大街上，在黑暗中寻找着他的身影，却再也找寻不到。

　　但我知道，光跟着爱走，那爱也会一直跟着我走，不论我在什么地方。

植物教我成长

林恩圻

雁群会随着气候的变化，而飞向不同地方；树叶会随着秋天的脚步，而慢慢脱去绿衣；池塘里的荷花会因夏天的离开，而坠落下花瓣……

没有一成不变的事物，如果不再拥有时珍惜它。那么……

爸来的那年，是让我高兴的。不仅因为爸爸的到来，还因为我第一次养了花。那天在回家的路上，有一车载着花草盆栽的"小园林"车。起初，我对此并不怎么感兴趣。因为花草太易脆弱，怕照顾到最后什么也没剩下。而妈妈则不然，她很喜欢侍弄花草，尽管对花粉过敏，也钟情于养花。她在客厅，店铺都有属于她自己的"绿意盎然"。在她的语言魅力的感染下，我最终选了一盆。长得样子比不过什么国色天香，更别说什么闭月羞花，只是布

一次相逢一次暖

满小刺的仙人掌罢了。然而就是那密密麻麻的小刺告诉我它的与众不同，它的顽强。"嗯……就那盆仙人掌吧。"我指了指那盆。随后付了钱便抱回了家。

它挺拔的身姿在阳台里，增添了许多生气，就好像星空里那颗最亮的北极星，格外醒目。我十分勤快地每天喂它喝水，怕没有阳光又特意挪了挪位置。似乎真的挺有趣的，其实养花并不是无益事，反而让人有些喜欢。我连续一周呵护着它，不过还是遗忘了。对仙人掌也有些了解，知道它很顽坚持很久。或许更多的是出于新鲜感吧，只是一时兴起，难以持之以恒。再后来便置之不理了……

偶然一天，我去阳台晾衣服时。不经意一瞥，便看见了角落里孤零零的仙人掌。那颗星空里最亮的星还是没了光芒。我放下手中的衣架，大步走向角落，把仙人掌抱进了客厅。在灯光的照耀下，它的刺更明显衰老了，软软的。身子泛着枯黄的颜色，原本密布斜织的斑纹变得稀稀松松的。我陷入了回忆，或者我不该因新鲜感照顾它，或者我坚持下来每天呵护着它，或者我珍惜它而不是后来的置之不理。阳台空落落的，我觉得心也空落落的。仙人掌再怎么顽强，也禁不起这样的折磨。是啊，与其说它熬不过岁月的洗礼，不如说是我自己的新鲜感造成这样的。万恶至终，归根到底，我是摧毁仙人掌死去的人。

此后，阳台再无仙人掌挺拔的身姿。如果有如果，在荷花开满池塘时，我会去细细欣赏；在树叶爬上树梢时，我会去跟它一起感受春的气息；在仙人掌朝气蓬勃时，我会用心照顾它。

可惜呢，世上本无如果……

责 任

伍思阳

　　讲台上的老师孜孜不倦地教授学生，把他所知道的一切都毫无保留地献给学生，这就是责任；手术台前的医生不知疲倦地拯救病人，拼尽全力地救助病人，这就是责任；身后的父母默默无闻地守护着我们，把他们能够给我们的所有温暖毫无怨悔地倾注在我们身上，这就是责任。

　　责任，如同一座大山。

　　牙牙学语时，是爸爸不厌其烦地教我说话，当我的启蒙老师。我能想象得到我第一次叫出"爸爸"时，他是多么开心。我知道，小时候我是在爸爸牵引下迈出了人生第一步。跌跌撞撞地走着，后来，已经能蹦能跳时，都是爸爸在默默地保护着我。我在前面跳着，他在后面跟着。从前，爸爸是我的偶像，是能保护和容纳我的一片天，是能随时依靠的大树，是能和我玩耍的不亦乐乎的好朋友。似乎没有什么事能难倒他，他是无所不能；似乎没有什么事情能骗得住爸爸，他有火眼金睛。渐渐地，随着年龄的增长，爸爸也渐渐不再是我的偶像，他也不再是无所不能的了。他也只是一个为了事业，为了家庭而忙碌奔波的一个普通人。是什么时候，爸爸高大魁梧的身材，变得渺小；是从什么时候，他光滑的脸庞上爬上了一条条细纹；是从什么时候，他的眉头开始紧锁……是为了我，为了这一个家！原来，在不知不觉中，爸爸也慢慢老了……作为父亲、丈夫、儿子，他承担了一份不可推卸的责任，他是行走着的顶梁柱！

不知道大家是否还记得，小时候出门时，妈妈总会攥紧你的手，她总走外面，而你总走里面。我也是这万万的"受难者"之一。好不容易能出来玩一次，却像一个犯人一样被"禁锢"着。为什么不能自由在的走路呢？这是我抱怨了无数次的问题。妈妈也总会给出永远不变的答案，

"因为你小，我不放心。"或是"街上有拐卖小孩儿的。我不拉着你，你会被拐走的！"此时，我也会被吓得噤了声，妈妈也会满意地拍拍我的头，继续拉着我走。所以，我从不敢挣脱妈妈的手。

终于有一天，我觉得自己已经是一个大人了，不需要妈妈的束缚了。于是，我趁妈妈买菜不注意我的时候，使劲地挣脱了妈妈的大手。没有了束缚，我觉得自己是一只自由自在的小鸟，四处飞呀飞。就连平时司空见惯的

一次相逢一次暖

事物，此刻也显得新奇无比。我哼着小曲儿乱蹦乱跳，可是心里空落落的，总感觉少了什么东西似的。忽然，我停下了脚步，呆呆地望着四周，似乎从未来过这里，望着周围一张张陌生的面孔不断闪过；我的心开始慌了，我努力地镇定下来，想站在原地让妈妈来找我。可过了一会儿，我猛然意识时，自己这么渺小，会淹没在人群中，妈妈一定找不到我的！恐惧、后悔、害怕和委屈顿时涌上心头，我的泪水也混合着哭声落下。一阵熟悉的味道从我身后传来，我顿了顿，惊喜地转过身，是妈妈！我瞬间冲进她的怀抱，放肆的大哭。妈妈并没有责骂我，只是拍了拍我的背，柔声说："下次别乱跑了，不然就不会像今天这么幸运了！"我连连点头，再次牵起妈妈的手，感受到妈妈细腻的手掌源源不断的温暖，心里终究被装得满满的。

小时候，责任啊！是妈妈在外头，你在里头，爸爸在后头，你在前头，长大后，责任啊！是在后头，孩子在前头，父母在里头，我的外头……

笛声悠悠，不绝乡愁

杨云舒

一座孤城，坐落在苍茫大漠里。洁白的月光飞泻而下，天与地，都安静下来，撤除防御，卸下武装，裸露着一颗心，让月光晾晒。

一个深沉的背影，突然出现在了那受降城上。他，紧蹙着眉头，用那深邃的眼眸遥望着那茫茫的沙漠。大漠沙似雪啊，此刻的大漠，凸显出一种亘古的苍茫。大漠如雪，寒气逼人，那大而皎洁的明月孤零零地高悬夜空，月华如霜啊。月光坐在大漠上，坐在城墙上，坐在诗人的肩上。边城夜色，凄神寒骨。寒风吹拂着他的衣衫，他的头发，月光下的他是那样孤独，凄凉。天地是那样的寂静。

突然，传来了一阵悠扬，凄凉，幽怨的芦管的声音。

笛声仿佛是一把把冰冷的箭，直戳他的心头，仿佛是生长的藤蔓，紧紧缠绕着他的心，那笛声，像一条柔软

一次相逢一次暖

的丝带，伸进黑洞里一点点诱出深藏的记忆。声音时而悲伤，时而悠远，时而深沉，时而惆怅。在那一刹那，他仿佛看见慈祥的母亲正在微弱的油灯下缝着征袍，仿佛听见了亲人们的呼唤。

他顿时热泪盈眶，不觉潸然泪下。风呼呼地吹过，孤飞的大雁向南飞去了。

顺着刺骨的寒风，那悠扬的笛声传遍了整个受降城。笛声正慢慢扩散，思乡之情也在迅速蔓延。这一夜，戍边的将士们怎么样了？他们竟然全都失眠了。他们眼里充满着忧伤与思念。夜是凄凉的，苍茫的，凄冷的。这一曲笛声，让整个受降城死气沉沉，被乡愁缠绕的将士们一个个身体笔直地站在城上，寒光照着铁衣，他们一身正气，像雕塑一般伫立着。他们全都眺望着远方，那里有他们的故园，有他们的亲人，有他们难以忘怀的岁月。

大漠苍凉旷远，黑夜寂静凄凉，诗人脑海中不禁出现了二十八个字的七言古诗：

回乐烽前沙似雪，受降城外月如霜。

不知何处吹芦管，一夜征人尽望乡。

夜，还是那样凄凉沉寂；大漠，还是一样浩渺无边，将士们啊，还是一样久久不能入眠。

我 的 家 乡

凌 越

穿过连绵起伏的山坡，越过茂密的深林，你无法想象那背后还有许多村落。每一片梯田、每一片竹林都代表着那里住有人家，我老家就在这其中的一片竹林中。如果你见到它的美，一定会陶醉其中。鲜嫩的竹笋富含大量的营养，不但是熊猫宝宝的大爱，也是我们人类的一道美食。因为一些原因我不能经常回家，但那浓浓的乡野气息让我对它有着深深的眷恋之情。

山村的清晨好似一幅水墨画。太阳从淡淡的薄雾中探出脑袋，麻雀在竹叶尖上用它独特的语言交谈着，田野里的庄稼像一张张碧绿的绒毯，禾苗上滚动着晶莹的露珠，像是在禾苗们的身上洒满了珍珠。家家户户的房顶上袅袅升起的一丝丝炊烟更给山村增添了朦胧之美。太阳在冉冉升起，刺眼的光芒透过树叶间缝隙照射下来，发射出灼人的光芒。

上午，是一场辛勤劳作的盛会。勤劳的农民扛上锄头到地里耕种，先挖一个个小坑，把一粒粒种子放进挖好的坑里，撒上肥料，浇上水之后，脸上露出了期待的笑容。孩子们背上书包，踏着青岩石板，听着潺潺的流水声，欣赏着无尽的田野风光，高高兴兴地去上学。一路上还会遇上一些背筐里装满农作物的农民们，他们正兴高采烈地赶到集市上去，准备卖个好价钱。

放学后，孩子们一到家就赶紧放下书包，不约而同地往竹林里钻，一些胆大的孩子们会选择去捉竹笋虫来玩，还有些孩子们在竹林里玩捉迷藏，游戏一开始，一个个赶紧往竹林中乱拱，因害怕自己暴露，大气都不敢出，紧张得不得了……大家玩累了，就会一起去山坡上找果子吃，找山泉水喝，女孩们还会把野花插在头上。玩到天黑了还意欲未尽。

山村的夜晚是一场聚会。动物们尽情地展示着那独特的歌喉，放声歌唱，连蚊子也来凑热闹，不厌其烦地围着我们转，怎么也赶不走。皎洁的月光像一条银带子抚摸柳树的头，柳树轻柔的摆动它那美丽的秀发，与月光跳起舞来。院子里的人家都各自搬出简易的竹椅竹床，大人们围在一起聊家常，孩子们躺在竹床上数天上的星星，享受着夏季夜晚美！

我爱我美丽的家乡——大竹！

繁花正盛

繁花正盛

陈　莉

　　我的母亲爱花，爱到了痴迷的程度。她养的各色玫瑰娇艳欲滴，比热情的凡尔赛女郎还要婀娜多姿；小家碧玉似的香桂也恰似坠入凡间的仙子，清雅脱俗；而被搁置窗沿，分外悉心照料的素色茉莉更是成了我的至爱。

　　母亲的花似乎一年四季都开不完，争奇斗艳，不亦乐乎。

　　我从小便在花海里生活。

　　不知哪位名人讲的："好妈妈胜过好老师。"母亲奉为真理。闲来无事之时便领我坐在花坛边上，指着某朵开得正美的花，对我娓娓道来，它的脾性、喜好。"茉莉性子可算奇。别看她文文弱弱的样子，偏生潮热的地方生得繁茂，可她也是个'大姑娘'啊，一到冷的地儿就自然娇气起来，非'五星级酒店'不呆。而且既受不得干旱，又忌积水，像个富贵人家的大小姐。"

我对自己的名字自然有无穷兴趣，开口提问："大小姐，那么为什么还要给我取名叫'莉'啊？"母亲浅浅一笑，怜爱地看着那株素花，眉眼轻柔，神情里尽是漫漫温情，带上一丝调皮道："因为我的女儿还是不要去劳碌了，不争当牡丹，铁梅，当一株娇小温柔的素花我便很自豪了。"

"好啊！拿我赖着您这个'花匠'一辈子！"

"哈哈哈……"母女俩笑作一团。

尚未读懂母爱的深沉含义，只当母亲说了两句逗人一乐的笑话，而我则捧场的笑，仅此而已。直至今时才忽然提炼出那话的意义——这情有多美！

也许母亲不求你在亮眼的头衔下荣耀地闪烁，甚至会恐惧你长大离家。她的爱是浓缩过的花香，飘不到远处的你身边。所以才希望你能普通一点，哪怕是做一株茉莉，一片草叶，她也可以高兴地讲："这是世界上最好的美丽！"

有时候，母亲带给我的成长就好像她的花，你以为落尽了，蓦然回首——繁花正盛。

都是椅子惹的祸?

程钰璿

我是个调皮的孩子，从小便养成了调皮的性子。记得那年还在上幼儿园，高高兴兴地回到家中，妈妈忙着做饭便嘱咐我自己玩儿。谁知这一下子却给我留下了终生的烙印。

我家里有一套比我年龄还大的椅子。表面是美丽的咖啡色，椅背上有美丽精致的印花。直直的木条把椅背填满，整体看起来美丽大方，一直是我渴望的椅子。这些椅子摆在餐厅内而我们家一般是在客厅的茶几上吃饭，即使用到餐厅，小孩儿也总是站着吃或在沙发上吃，总是不得坐那椅子。

今天是个好时机啊！没人管我，就可以尽情享受坐椅子的感觉啦！我知道不能违背父母的命令，但是谁让那椅子太诱人，我根本无法抵御它的魅力。我慢慢地爬上了椅子，连大气都不敢出，小心翼翼地顺着路子坐到了上面。左摇一下，右摇一下，前倾一下，后仰一下。简直是好玩。再过了一会，我不满足于坐着玩了，开始试着站起来。诶，你别说站着的惊险感让我更加大胆，谁让我是个调皮的小姑娘呢？

那椅子能摇还能转，这是我后来发现的。好玩儿的东西我从来都勇于尝试，扶着餐桌，我转了起来，才转大半圈就停了，这是它的极限了。耳边响起的是妈妈关掉灶火的声音，我慌了，连忙从椅子上下来，谁知脚一踩空，下巴重重地跌在地上。我呜咽着，不敢让妈妈发现，摸了一下下巴，看见血沾满手指便大声哭叫起来。

妈妈把我抱到床上，洗了血消了毒后我再也不敢去爬椅子，调皮也收敛了不少，但下巴却留了一道疤。每每摸到那条不明显的疤时，我的脑海中都会浮现出爸爸妈妈关心我的那个画面。调皮是好事吗？也不能太过了呀！

散　步

车名杰

吃完晚饭，爸爸提议到小区里面散步。妈妈说："散步有利于健康，我也去。"我有些不情愿了，因为外面冷我不想下去，我想待在温暖的房子里面。我说："我就不去了。"

爸爸妈妈都下去了，我一个人好像待在家里也没意思，只好追随他们去散步。

到了楼下，我发现散步的人还挺多的呢！男女老少都有，他们像"赶趟儿"似的，一个个都出来了。我在想：散步也是一种时髦？

我们一家人慢慢地走在小区里的路上，小路两边的大树像卫士一般像是在守护着我们，两旁的路灯，挺直了身子，努力发出最亮的光为我们照亮前进的道路。

到了小区门口，右手边的那块大石头上的"常居久安"四个字在灯光的照耀下闪闪发光，我咀嚼着这四个字，感觉小区好温馨，看看爸爸妈妈，看看小区里散步的男女老少，我体会到了这四个的味道。

月亮出来了，天上也有几颗若隐若现的星星。皎洁的月光柔和地照在地上，像是下了一点儿小雪，真美。我和爸妈聊着学校里的事儿，一家人是多么的愉快，我也不觉得冷了，反而感觉有些舒服、凉爽，觉得出来和家人散散步多惬意呀。

走着走着，我的脚走乏了，我便对爸爸说："爸爸，我累了，我们回去吧？"爸爸向妈妈征求意见，妈妈似乎意犹未尽。我以为妈妈会劝我继续散步，可我没有想到的是，妈妈却说"那就先回去吧"。这时我很感动：爸爸妈妈好爱我，什么事都先考虑我，以后我也要多为他们考虑才行呀！我一定要多陪陪他们，和他们一起散步。

随后，爸爸妈妈拉着我的手，其乐融融向家走去，参差不齐的背影渐渐消失在月光下。

从此以后，吃过晚饭，我们一家人总是会下去散步，渐渐的，散步已经成了我们家的习惯。每次拉着爸爸妈妈的手，我就感觉自己是整个世界最骄傲的人。

繁花正盛

简单式回忆夹

江 楠

一曲悠扬的音乐缓缓飘入空中，和着温暖的清风，和着爽朗的笑声，还和着馥郁的花香。不远处，妹妹卖力地扑腾着轻飞曼舞的素色蝴蝶，枫叶被风纷纷扬扬地吹落了一地，好似乘风破浪的小船。这一幅似曾相识的画卷，打开了我那简单、平凡的回忆夹。

回忆夹的首页，便是一位孕妇挺着肚子，蹒跚着走路的身影，那是怀胎九月的母亲。

偶尔，暖暖的阳光倾落在木椅上，母亲就会惬意地闭上双眼。我便轻轻地附在母亲的肚子上，小心翼翼地说："妹妹啊，你快点出来吧！"须臾，母亲就会揉着我的脑袋，笑问："这次又和'她'说了什么？"年仅七岁的我只是捂着嘴，匿笑着。

每个月朗风清的夜晚，父亲就会伴着母亲和我，在灯火阑珊的街道上散步。我牵着母亲那双和爸爸一样粗糙的大手，好像握住的，是我那整个小小的、温暖的世界。我总不肯安分地走路。一跳一蹦，月光照斜了我矮矮的身影，我便去追那永远也追不上的影子。有时走着，我落在了后面，母亲便回眸一笑，唤着我到她身边去。

还依稀记得，母亲肚子里的宝宝出世时的情景，是回忆夹里最崭新的一页。

母亲虚弱无力地躺在床上，脸色苍白得好像冷冽的月光轻拂着她，她缓缓地牵起我的手，让我看啼哭不止的"她"。

我走向一旁的小床，用手蒙住眼睛，嘴儿咧得比月牙还弯。我期待地将手放下来。那一瞬间，就是你与我在这世上的第一次相遇，我最亲爱的，妹妹。

我笑道："是妹妹！是妹妹！"床上的母亲勉强地扯出一抹微笑来。

但不得不说，妹妹，你出生时真的很丑。小脑袋上光秃秃的，乳臭未干的脸上有着数不胜数的皱纹，肉嘟嘟的小脸儿使劲儿地皱在一起，还蛮不高兴地噘着嘴，豆粒般大小的眼睛也紧闭着，两个小拳头捏得和包子一般，两只脚还在空中胡乱地踢着什么。

我本不该嫌弃你的，但一开始，我还是无法真正喜欢上你。你每次吃饭，哈喇子都会流一桌，还故意将黏糊糊的粥倒在我碗里，我还没开始吃，便气得摔下筷子，索性不吃了。你便得意地叉着腰，朝我吐着舌头。

由此，我的回忆夹因为你的出现而变得五彩斑斓，翻

繁花正盛

089

开了新的篇章。

日复一日，年复一年，不知从何时开始，你竟学会说话了！从以前那个牙牙学语、口齿不清的婴儿，变成了现在伶牙俐齿的小女孩儿了！我也渐渐开始履行我作为姐姐的职责：我教你背唐诗，教你写汉字。这一切，都诠释着我对你的爱。

还有一次，你又为我的回忆夹添上了深刻的一笔。

阳光一如既往的明媚，透过卷卷云层，照耀出万丈光芒。和风也是微微的，一如既往地携着几缕若有若无的雨后清香。道上的车辆来来往往、川流不息，一如既往地带着繁忙的气息。我带着你去图书馆里看书，许是我看得入迷了，竟没发现你离开了我的视线，当我再次抬起头寻着你的身影时，你已被湮没在茫茫人海之中。霎时，我的心仿佛沉入了冰冷的海底，我焦急，我懊悔，汹涌的泪水几乎占据了我的眼眶，当我第一滴晶莹的泪水落下来时，你又笑靥如花地出现在我眼前，我哭着笑了……

妹妹的呐喊声将我渐行渐远的思绪拉了回来，我走过去，拉起她的小手。绚烂的彩霞织成了一片柔和的云被，西下的夕阳像个吝啬的守财奴，轻轻地将洒满整个天空的金子，一点一点地拾回来。

我合上了那本简单、平凡的回忆夹。清风归去，笑声无处寻，只是，馥郁的花香依旧还在，沁人心脾。

天空中飘起两个女孩儿无忧无虑的歌声，愈飘愈远。

一曲终。

假如我是云彩

刘　蕊

假如我变成了一朵变幻莫测的云彩，只是为了靠近美丽的天，俯视多姿的地，在蔚蓝的天空中嬉戏。妈妈，你能认出我吗？

那时，你还没有看见我，你肯定认为我还在温暖的床上吧。我便偷偷地笑着，却一声不响。

我要靠近太阳，绽放出七色花般的美丽。

当你工作后抬起头，看见那朵美丽的云彩，舒心一笑。但是，你会知道这是我穿的五色纱衣吗？

当烈日挂在空中，你已经忙地汗流浃背。

忽然，刺眼的光消失了。你发现太阳被一层似雾般的云彩遮住了。但是你能猜到，那朵美丽的云彩是我吗？

晚上，你回到家里，我也变成了你的孩子。你会告诉我："你知道吗？今天的云彩真美啊！"我便笑着回答："是啊，是啊。我也看到了。"

是你，让我留步

李茂鑫

美丽的彩虹，让人驻足观赏；蔚蓝的大海，让人尽情享受；繁茂的森林，让人赞叹不已；然而，什么能让我留步？

小区里有一个垃圾房，这里臭气熏天，令人作呕，让人避之唯恐不及……

一天，我下楼丢垃圾，站在离它"几千米"的地方，把提袋扣在手上，一个"风火轮"，就把它精准地发射进了垃圾房。我赶紧捂住鼻子，转身向楼上跑去。突然，一种淡紫色的东西跳入我的视野。我定睛一看，是花！真没想到"牛粪"上真能开出鲜花！

花，多么美丽而娇艳的东西，它怎么能在这儿开放呢？它应该在美丽的公园里接受着雨露的滋润，躺在草丛里享受着阳光的温暖。可它，确实在这儿。

那淡紫色的小花孤零零地待在垃圾房墙角边，微微摆动着身姿，在风中摇曳。它那柔嫩的花瓣上有几滴晶莹的晨露，它正在努力地吸吮着大自然给予的养料，那大概是它饱经沧桑的真实写照吧！

那朵花地绽放着，努力地生长着，毫不气馁自己生长在这样恶劣的环境中，即使没有绿叶为它遮风挡雨，没有同伴听它的倾诉，没有蝴蝶为它翩翩起舞，没有温暖的草丛让它享受。可是，它就是这样坚强地活下来！

它，虽然没有玫瑰开得浓艳，没有菊花开得深沉，但是它——活出了最精彩的自己。

一朵小野花，我为你留步。

冬 天 里

贾荟蓉

那是一幅画，画着一个冬天。朦胧的记忆碎片，就那么一块一块组合起来……故乡的景啊，故乡的人啊，他们都去哪里了？原来我早在那个没有下雪的冬天里，就和他们告别了……

1

大冬天里，风是冷的，水也是寒的，雪却总是不来，还是孩子的我天天在门口望着。

从前的冬天，却不是这样的。

奶奶时常在家家户户门前的那条小路上走来走去，只因小时候的我从来不肯乖乖吃饭，总想着一会儿该找谁家里的孩子一起去玩雪。所以每一到饭点，我就悄悄地跑了出去，她只好挨家挨户的到处找我。最爱的，是去找佳英姐姐玩。她比我大五岁，却有着比我还贪玩的一颗心。

我们喜欢到湖畔去捞冰；喜欢到山上去找寻冬眠的小动物；更喜欢去别人家串门儿顺便吃上一碗姜汤和几个大包子……

她时常给我讲她作业的难度，而我，只是在一旁似懂非懂地听着，当她讲不下去的时候，就会说："小妹，你以后就会明白了。"我那时是真不喜欢听见这句话。为什么一定要以后才能明白？我心里想。

2

十二月了，天气越来越冷。只穿了一件毛衣和一件大衣的我坐在火堆旁冷得直哆嗦。舅妈带了些礼物来我家看望奶奶，一眼就看见了坐在小椅子上的我，微笑着说："怎么穿这么少啊？"

这个舅妈，唯一给我留下印象的就是笑容。我也很喜欢她，她时常给我许多好吃的好玩的，还会给我送来父母寄来的小玩意儿。

她时常看着我出神，也许想起了她那去了的儿子。村里人都认为她很可怜，我也这么认为，她却说："千万别可怜我，我快活着呢。"如今我终于明白了她那颗坚强的心……

繁花正盛

还有好多人，还有毛大叔，他每年春节之前都会在那片空地上修筑好玩的秋千、摇摇椅……还有秀春阿姨、裴姨……

3

已经过年了，今年的冬天一直没有下雪。

父母从远方赶了回来，把我和奶奶接走了。还没来得及与故乡告别，我就匆匆忙忙地走了。

再也不知故乡的冬天是否下雪……我是多么想再捞一回冰，再去找一找小动物，再去串串门儿，再去坐秋千和摇摇椅……

我的梦里出现了一个场景，那是一幅画，画着一个冬天。朦胧的记忆碎片，就那么一块一块组合起来……故乡的景啊，故乡的人啊，他们都去哪里了？原来，我早在那个没有下雪的冬天里，就和他们告别了。

酸　　甜

王熙雅

都说冰糖葫芦儿酸，酸里面它裹着甜，都说冰糖葫芦儿甜，可甜里面它裹着酸，糖葫芦好看它竹签儿穿，象征幸福和团圆，把幸福和团圆连成串，没有愁来没有烦。

——题记

放学铃声似乎迟到了很久，才慢吞吞的打响，人潮像一群数量可观的没头苍蝇，突然一下就涌了出来。天蓝色的大毯子把这座城市盖得严严实实。"是晴天呢。"我自言自语。

我站在公交站一侧，目光瞄向站牌后的那位老人，他戴着一顶鸭舌帽，身着蓝白条纹的T恤，肩上斜挎着一个装钱的包，总是坐在那马扎上，张望着，要不就双手背在背后，悠闲地踱步，隔得远，只能看见他脸上隐隐约约的显出些皱纹来，饱经沧桑倒谈不上，五十几岁倒差不多有了，头发被帽子盖住了，只看得到后脑勺儿一点儿还算黑的头发，脸上却挂着与他的身份年龄极不符合的灿烂笑容。

老人是卖冰糖葫芦的，与那些灰头土脸的小贩相比，他，以及他的三轮车，都熠熠生辉起来。他不像别的卖糖葫芦的小贩一样拼命吆喝，只是乐呵呵的。三轮车可不一般，干净的盘子里摆着串串葫芦，什么山楂的、青葡萄的、草莓的、小番茄的，还有糖雪球什么的，五花八门，看着跟道彩虹似的，样式多了去了，但每样都保你吃了就不忘。最新奇的还是他三轮车上的装饰，有些假的树叶子环绕着架子，还有些红色的花儿。中文"老北京冰糖葫芦"就不提了，可这英文"Welcome to taste Chinese characteristics"是什么鬼？我一想，这中文翻译不就是"欢迎品尝中国特色"嘛，敢情这位老人精通外语？看来这位老人在吸引顾客上还是花了不少心思。车上还放着点儿70后的老歌：

都说冰糖葫芦儿酸，酸里面它裹着甜，

都说冰糖葫芦儿甜，可甜里面它裹着酸，

糖葫芦好看它竹签儿穿，象征幸福和团圆，

把幸福和团圆连成串，没有愁来没有烦……

仔细一听，好像跟他的冰糖葫芦还挺对味儿的呢。

不过我的注意力可不在这上，我对那些老歌并不感冒，我眼睛假装随意的到处瞄，可一心只想着那冰糖葫芦，鼻子使劲一吸，仿佛空气都变得黏稠甜蜜起来。红彤彤的山楂果，裹上了红糖和冰糖的外衣，更加诱人，在公交站旁的我看得入神，好像那些山楂都骨碌碌地滚动起来，娇艳欲滴的颜色，一不小心，就动了要尝尝鲜的念头，想起东北老家那甜腻却不腻人的冰糖葫芦，心底儿透出一丝怀念来，可我囊中羞涩，钱包里只有六块"大洋"，可我哪能禁得住冰糖葫芦的诱惑？我怀着壮士断腕的悲壮心情向着冰糖葫芦前进。

等我真正到了那位老人面前，看到了那整齐排列着的糖葫芦，看到那一串串未动过的，准确的来说是卖不出去的糖葫芦时，我才明白，并不是我表面看上去的那样简单。

老人的脸上皱纹密布，眼角无力的耷拉下来，他坐在小马扎上，颓废地跷着腿，两只偏小的眼睛无力地望着来来去去的人流，可没有哪怕一个人停下来买走哪怕一根红彤彤的糖葫芦。我心里泛起一阵酸。

我上前一步，可突然从心底泛出一种羞愧，我是同情，可怜这位老人，才买他的糖葫芦吗？我骤然停住，把脚缩了回来，不！我是出于一份尊重，一份庄严，我毅然再次迈出步伐，好像这是一个严肃的重大使命，不容抗拒，必须完成。

老人看到我停留在他面前，急忙到我面前，微微把身子放低一点，又稍稍昂起头，好方便跟我对话。

"买糖葫芦？要什么味儿的？"

我看清了老人脸上的皱纹，深深的。我也看清了老人那企盼的眼神，我从那眼神里读懂了老人的内心，读懂了老人背后的辛酸，也许老人很孤独，也许老人的生活条件很差，也许这一堆红彤彤的冰糖葫芦就是老人的所有经济来源……

我用手指了指中间的那串。

"多少钱？"

老人竖起五个稍稍皱缩的手指。

"五元，五元。"

老人似乎很欣喜，又好像很急切，报价都念了两遍。听着老人有些蹩脚的四川话，居然还带着点儿东北口音，我感到很好笑，却又很亲切，心里骤然就暖了几分。老人小心翼翼地抬起那串又红又亮的冰糖葫芦，尽管老人的动作很轻很轻，但糖葫芦太多，还是不小心把最顶端的一个碰掉了，老人脸上浮现出一点儿惊慌，急忙用签子去扎那颗山楂，我也没反应过来。

"换一串吧？"

我看着那些冰糖葫芦，一时间不知怎样抉择。

"要这串大的吧？"

我点头，那串冰糖葫芦个儿特别大，还穿着六个。

我摸出五块钱，庄重地双手递给老人，老人已经用糯米纸包好冰糖葫芦，轻轻地，小心翼翼地，装进一个棕色纸袋里，也双手递给我，我们都是双手，没有空去接对方的东西，还是老人放下糖葫芦，双手接过钱，再双手把冰糖葫芦递给我，我也双手接过。

　　回头看看老人，老人正专心地捣鼓着他的宝贝冰糖葫芦，脸上带着一丝不易察觉的笑意。我仿佛释怀了，看看那些乌烟瘴气的路边摊，再看看老人，我不禁感慨万千，一串普普通通的冰糖葫芦，一个普普通通的老人，那些所谓的美味，还不都是淀粉和重金属的杰作？可这冰糖葫芦，是最纯粹的，最古老的，最能感动人心的。虽然老人不能让所有的人都喜欢冰糖葫芦，但我觉得，这些红彤彤的，金灿灿的冰糖葫芦，还有那位真诚的老人，就好比一束束甜美的阳光，虽然不多，但足以温暖所有人的心田。

　　咬破那透明的糖衣，首先听到的是糖衣清脆的破裂声，然后是酥软的去了核的山楂。将糖和山楂一起含在嘴里慢慢品味，甜甜的，酸酸的。在舌尖上跳起了圆圈舞，清新的味道充斥着整个口腔，甜到你心坎儿里，酸也酸着你的心。正是这酸与甜掺杂交织，构成了人间最美的情感——真诚。

　　难道我接过的，只是一串冰糖葫芦吗？
　　那是真诚与情感的灵魂！

校 园 秋 色

李　好

又是一年秋季，一场悄无声息的雨带走了还躲在树荫里的夏天，校园里终是迎来了凉丝丝的秋风。

树叶还是绿的，只是少数泛了些黄，风儿温柔地把树拥进了怀里，树影在暖阳下摇晃着，发出一阵沙沙声。那喜人的海棠，早已惹落了一身红花，依旧浓郁的繁枝绿叶中，却结出了一个个海棠果，是不是也算给秋天留下的馈赠呢？往风雨走廊里走去，紫荆花却还开着，是粉红色的，像云朵般簇拥在一起，一些花已经谢了，散落在树下，许是对树的眷恋吧，枯萎的花儿被风吹动，也只是在空中打了个旋儿，便又静静地落在原地，对夏天做着最后的坚守。

校园的天空偶尔很蓝，很高。阳光没有夏天那么酷热，没有冬天那么寒冷，望着头顶那片小天空，宽阔舒畅，满是自然，一呼一吸间，好像自己已经站在了天的尽头。秋天的天，如一位长者宽厚的胸怀，让人暂时忘记了平日的疲惫，学习的繁忙，是那样的自由，不经意间拨动了你的心弦，弦松了，快乐自然来了。

那雨呀，不停地下，下在潮湿的清晨。校园里的一草一木，全都挂上了水珠，水珠，像顽劣的孩子，在叶子上滚动着，风中的叶子如同江中的扁舟，摇来晃去，水珠也相互碰撞着，一会儿便凝成了更大的水珠，叶子再也承受不住重量了，"啪嗒"一声，叶子上又空空如也了。只是雨还在下着，秋天的雨，总是那么缠绵，不知这一场雨，寄托了多少的思念。

校园的风，有别样的书香气息，风中飘散的，尽是少年们琅琅的读书声，风也在聆听。校园的风，总是那样温柔。她轻悄悄地，拂去了余留的燥热，每一个人的心中都是凉丝丝的舒适感，那风，像画中的少女，身姿娉婷地起舞着，云袖翻飞，长发飘然……

一轮明月爬起来，升上校园的天空，一片云，一轮月，一席天，秋季已至，当我们还在感叹，秋天就这样走来了。你是否还是匆匆的脚步，匆匆的心情，放慢步伐吧，一起在某个秋意盎然的午后，听一听风的乐章，谱一曲对未来的歌，平平淡淡，细水长流……

这，就是校园的秋色！我爱这校园的秋色！

一 件 小 事

谭晓帆

临近下课了，讲台上的老师仍在如痴如醉地讲解着所谓的重点知识，可他也只是在那里自说自话，因为讲台下的吃瓜群众——看似端坐的我们，一个个竖立着耳朵，早已将思绪转移，心另有所属……

一场战争一触即发……

我和同桌手握饭卡，身体倾侧，双耳竖起。我们等待着，下课的号令。食堂！食堂！食堂！我们的内心在急切地呼唤着！一个下午的希望可全都压在了这两个字上！

下课的铃声仿佛那"嘭"的一声枪响，教室的门猛地被踢开，人潮迅速开始了狂奔。

从教室到食堂的距离，就像一场马拉松！

这赛场分为三个路段，第一个路段就是这拥挤的楼梯。在这里你可别想加速，只能抢占先机。如果你的老师今天多讲了一分钟，或者你自己动作慢了点儿，就会像现在的我一样，迷失在人头攒动、人声鼎沸的人山人海之中了。

我可怜巴巴地空着肚子在人群中被挤来挤去，像只凄惨蜗牛，慢慢地在楼道上挪动着。仿佛过了半个世纪，终于，楼梯口传来一道亮光，不一会儿，我已站在操场上了。

这就是第二段路——大操场！它可是最宝贵的，你能不能吃上一顿不排队的大餐，可都靠它了！我两腿狂奔，任凭风在耳边呼啸，同学们也都像饿狼一般，什么淑女型男，什么绅士风度，都抛之脑后，全都不顾一切地向前冲。我们都只有一个目标——食堂！

这可不是一段简单的路，它暗藏杀机。那半空中飞舞的篮球，那跑道上无穷的水坑，那草地上乱入鞋的小石子，哪一个都会给你制造出无穷的麻烦！更别说那些不急不慢的散着步的人肉屏障，排成排待在操场中央，弄得你不得不左突右闪，要是一不小心撞上了，就自认倒霉吧！

当你站上那第三段路，也就是那通向食堂的楼梯时，悬着的心可以放下大半了，但还是不能松懈，要是刚刚被你甩在身后的那群饿狼赶了上来，你可就功亏一篑了！只等排进了打饭的队伍，看到了窗口里面食堂阿姨的笑脸，闻到了喷香的饭菜，才算到达胜利的终点。

那一个个冲向食堂的背影，不就是学校最简单而又最美好的画卷么？我们最纯净的欢乐，最顽强的拼搏，最灿烂的阳光，不都藏在这不起眼的小事里么？

我的同桌真有趣

彭予涵

我的同桌身高一米七，体重至少是我的两倍，身上永远散发着一股因几天不洗澡而产生的臭味。自打我跟他做了同桌，我俩至少发生了五次大战，小战不计数。真叫一个"战事连连"。

第一次大战（进出权利之争）

刚从三组换到四组，这不，就打了起来。起因是他不让我进去，好说歹说，只留出一条缝让我进。就算我身姿娇小，小巧玲珑也进不去呀。最后，逼得我不得不以"飞檐走壁"的方式进去了。坐在位子上，忍不住恶狠狠地盯了他两眼，这货居然一副没看到的表情！喂喂，还要我提醒的更明白吗？道歉啊！可恶，我心中有股无名之火"蹭蹭蹭"往上蹿，真想一把把他拎起来扔到操场去！太可恶了！首战告败。

第二次大战（反败为胜）

有句话说得好：风水轮流转，可不，我俩又从四组换到一组，这下我可要报仇了。预备铃响了起来，只见同桌风风火火地跑回来。嘻嘻，机会来了，我把椅子往后一靠，两腿相交，一脸戏谑地望着他。他一时愣住了："让我进去呀。""用尊称。"我看见他磨了磨牙，咬牙切齿地说："请让我进去。"哈哈哈！没想到吧，你也有今天！我清了清嗓子，手交叉在胸前："叫姐并使用礼貌用语。"他的脸更黑了，一个翻身想翻进座位，可他个儿太大，没翻进去，还打掉了自己的笔。我笑得更欢，幸灾乐祸地看着他，人在屋檐下，不得不低头。他几乎是黑着脸，从牙缝里挤出那几个字："姐，请让我进去！"哈哈，就喜欢看你想打我，又干不掉我的样子。（此战同桌完败。）

第三次大战（楚河战）

语文课一下课，同桌兴冲冲地跑回来，一脸正经，严肃地说："姐，我想用三个字形容你的美貌……"我读

《诗经》正有劲呢，眼皮都没抬一下："什么？""哥斯拉。"什么鬼？你不用王昭君三个字就算了，哥斯拉！我真想一本书砸在他头上。算了算了，杀人犯法！做了几个深呼吸，喝几口凉水，压制住自己想犯法的冲动。哼，我一把拉开桌子："你给我听着，我俩分楚河而坐。"说完，便气呼呼地把头别了过去。这货没脸没皮地贴过来，手悄悄往回拉桌子，我一把推开他的大脸，用力一拉桌子："楚河。"

"那我坐船来。"

"船沉！"

"飞机。"

"航空事故！"

"精卫填海！"

"精卫没了。"

"冬天楚海结冻。"

"现在是秋天！"

一时，同桌也不知咋办，像泄了气的皮球，望着我，眨巴眨巴眼睛，捏着嗓子，瓮声瓮气："你要怎么才能原谅人家嘛。"我瞟了他一眼，气也消了大半，但还是高冷地说："把《诗经》中《七月》查完吧。"同桌只好乖乖查去喽！

有这么一个有趣、搞笑的同桌怎么办，这可还要相处三年呢！

校 园 一 隅

陈虹羽

校园里的小池塘，有四平方米见方，周围却是孩童玩耍的宝地。

因为离家近，小时候，我常溜到这个小院坝去玩。爬满常春藤的木走廊阴森森的，虽然凉快，但风一吹，朽木吱吱响，怪吓人的，还有恐怖的吸血怪物——蚊子。我便不爱进去玩。

相反，小池塘是块宝地。虽然没有大荷花池的壮观，但也不怎么危险，挺适合小孩子玩耍。池中乱石堆砌的假山虽然矮小，但麻雀虽小，五脏俱全，中间竟有一个小小的"山洞"，我曾十分喜欢从岸上跳进"山洞"，又从"山洞"跳回岸上，这使我有一种探险的满足感。

当然，池里的小生灵自然比一堆破烂的石头好玩多了。

繁花正盛

春天的总攻号还未吹响，池里已经游满了音符似的蛤蟆骨朵儿——蝌蚪，它们提前谱写了一曲春天的乐章。要捉也很容易，纸杯子底下用针扎它十来个洞，再往那团黑乎乎的小家伙们中轻轻一舀，杯子里就有一大团"黑豆子"。然而，它们在我的鱼缸里永远活不过三天。沉睡了一冬，金鱼懒洋洋地晃悠着脑袋，连面包屑也吸引不了它们的注意。偶尔，碧绿的水草下出现一匹石榴红缎子——金鱼尾巴，可转瞬即逝。金鱼草、浮萍、宽叶眼子菜，都呼呼地疯长起来了。

夏天大大咧咧地来了。转眼工夫，池塘里已铺满圆圆的绿橡胶门垫，且全都缺着一个小扇形，大概是被鱼"咬"掉了吧！昨些日子还菡萏的一朵黄色睡莲，今天竟急匆匆地绽开了笑脸。也许是走得太急，连裙子也未来得及熨平，还皱巴巴地卷着。此后每日清晨，水面上都会划出一艘莲船，载着一盏莲灯，鹅黄的大花瓣被一滴巨大的水珠压弯了腰，人一挨近就滴进水里，形成一圈涟漪，使得花儿亮晶晶的，仿佛在花瓣儿里织进了银线儿。忽然，燃烧了近十天的小灯一夜就熄灭了，花瓣飘在水面打着旋儿，水上露出莲蓬鹅黄色的笑脸，戴着一圈嫩嫩的毛茸茸的立领，像童话中的白雪公，把脸藏在里头。荷叶上趴着几只大蛤蟆。那只硬币大的小龟，在前几天看到时也比巴掌还大了。一天里，除了清晨，小池塘总是十分聒噪的。有些胆子大的小鱼，竟把小的睡莲叶顶在头上，像戴着一顶小斗笠；恰巧我也顶了一片大荷叶在头上，可惜没有妙手丹青画下这人鱼和谐的一幕！

秋风吹走了一池莲叶水藻，只剩一点儿眼子菜。蚊子开始了最后的肆虐，这对鱼来说却是一次盛大的派对，跳舞踩不着点的孑孓，便成了美味大餐。鱼儿们一个个穿着亮片紧身衣，拖着一把大扇子。我最喜欢一只穿着金线绲丝鳞纹小褂、胭脂色丝绸镶边长裙、拿着两把大红折扇的小家伙，它总是兴奋的跃出水面，引来一阵欢呼。

这片小池塘像无数个池塘一样普通，只是这所学校供师生休憩的场所之一，却是我儿时的"百草园"，直到正式来该校学习，小池塘仍是我回忆的"藏宝箱"！

时 光 真 甜

郑　好

　　晌午，抬眼望，阳光一片灿烂。

　　我独自哼着小调，"咔滋咔滋"地拉着行李箱走在布满苔藓的青石小道上，身后卷起的是时光的尘土和飘落的碎叶。这样缓慢地走着，也踩着细碎的日光走近心灵深处。

　　路边已不是凋零的枯叶而是环绕泛着绿光的草丛，那一树一树的红花早已开遍在开在枝头，繁密点缀着美好。不经意一阵风，我看见树下一个有着乌黑短发的小女孩儿正踮着脚尖捉枝头的蝴蝶，像个小天使般，她的小手不时挥舞着，脸颊上绽开纯洁的花。她跟着蝴蝶奔跑，她随着蝴蝶驻足。即使是暂得于己的欢乐，她也愿意守候坚定，守候执着。她呀，就像一个静静躺在长叶中的可爱花苞，悄悄散发着活力。

流光若水，涓涓流淌；白驹过隙，只在刹那。

那树，还是那树。远远望去，树下坐着一袭素纱白裙的少女，被清风吹拂着一头飘逸的长发。她捧着一本精致的图书，素净如莲。她纤细的手指划在书页上，仅专注于她的世界，吸取着知识的养分。她清秀的面孔下仿佛已隐藏着一份处事不惊。她呀，恰似一枝已昂起头的白莲，静静憧憬着未来。

花开花落，岁月在时光中消磨，带走的，留下的，只在一念之间。

十几个春秋过去，此时，纵然那树花开，那人也无法为之驻留了。她将长发束起，她往往迈着匆匆的步伐追逐时光，却未料在时光中迷失了自己，成为岁月的祭品。她时而皱眉，忧心忡忡，她时而无措，茫然伫立。她无心于那树花开花落，只记得日落日出。

终于在这一天，她想起那树花，抬头望去，泪水朦胧双眼。那树红花还在，它还在守候着她。可是，她呢？只是在时光中迷茫，忘了从前的坚定执着，忘了曾经拥有的处事不惊。她懊悔，她追恨，如今的她不应当在时光里找回自己，坚定梦想吗？

落叶划过她的头顶，她的眼眸里是云淡风轻，她的笑容中是开朗憧憬。

我的耳边还是"咔滋咔滋"的滑轮声，心底却早已陌上花开。

享 受 阅 读

朱瑾熠

腹有诗书气自华。

——题记

曾经有人问过我："你最大的乐趣是什么？"我毫不犹豫地对他说，我爱阅读！我最爱闲暇时分徜徉于书海之中，吮吸油墨的芳香，感受文字的魅力，聆听来自书的声音。书中的万千气象，使我心驰神往，获益匪浅……

小时候，还在我牙牙学语时，妈妈就教我背古诗：什么"装（床）前明月光……""春苗（眠）不觉晓……"，虽因口齿不清也闹过很多笑话，但那是我最珍贵的读书启蒙！两三岁时，我就能背十多首古诗词了，可谓同龄伙伴中的诗仙。但那时我还不识字，每首诗都得妈妈教我一句我读一句。每晚的睡前时光，总是我安静地躺在床上，妈妈则半卧在我的身边，她一手拿着《唐诗三百首》，一手抚摸着我的头发，然后教我读诗、背诗，最美的时光、最美的催眠曲。从那时我就感受到了读书的乐趣，并暗暗发誓长大后一定要买好多好多的书来充实我自己。

长大后，那些古诗书，连环画、小人书已经不能满足我的小脑瓜了。一些古今中外的名著便一个接一个的来做客我的书柜了。我读了《绿野仙踪》，文中的那四个小伙伴带着我一起冒险，他们为了实现各自的心愿互帮互助，携手协作，历尽千辛万苦。但最终凭借着自己非凡的智慧和坚强的毅力，都如愿以偿。从他们身上我看到了纯洁，勇敢，团结，智慧。我还看了斯威夫特的《格列佛游记》，格列佛带我们走过了四个完全不同的国家。从小人国里感受到诚信，高尚的品德；从大人国中明白了正义，廉洁，虔诚；从飞岛国中知道了循序渐进，脚踏实地；从慧骃国中懂得了友爱，仁慈。我还从《三国演义》中见证历史的金戈铁马，从《水浒传》中听到梁山好汉的振臂呐喊，从《鲁宾孙漂流记》中感受主人公的坚韧和勇气，从《钢铁是怎样炼成的》中学会坚强，从《一千零一夜》中领悟智慧，从《西游记》中触摸神奇，从《狼王传》中感怀悲壮，从《繁星·春水》中品味那永恒的纯洁与淡淡的忧伤……每一本书都是一个神奇的世界，每一本书都是我的良师益友！

腹有诗书气自华。也正如高尔基所说："读一本好书就是和一个高尚的人说话。"我暗自庆幸我有这样一个好习惯，也庆幸自己能够深深感受到它的乐趣所在。

让我们每天都阅读，悦读吧。

穿梭时光的人

罗烨轩

在金桂飘香，天高气爽的9月，我踏入了新的学校——双流中学实验学校，也迎来了新课程——生物、地理、历史。我最喜欢历史课，因为有一位穿梭时光的人引导着我，使我在时光的长河中尽享乐趣。

在第一节历史课上，我在上课铃响之前，我赶紧拿出历史书，用手抚摸着新印的充满墨香的书页，一幅幅插图已经让我的神思荡漾。

正当我想入非非时，预备铃的响声把我拉回了现实，随即，老师大步流星地跨上讲台。没有想到，她竟不是我想象的那种古板严厉的男教师！这位有一点儿胖的女老师，一直笑眯眯的，十分和蔼的样子。她有一双小眼睛，因为笑一直细眯着，嘴巴一直弯成月牙形。当时教室还有点乱，她仍笑着，并用洪钟样的独特声音说："同学们，安静上课了！"说完，她仍笑着盯着我们，给了我一种亲切和蔼又不失威严之感，不像那种死板的"老古董"。

她上起课来更是奇妙呢！我们的第一讲是远古的人类，她不是空讲，而是图文结合地讲。她走下讲台，为我们生动详细地解说着现在所发现的人类化石与旧石器时代的石器，并为我们放出图片，图文并茂。在讲古人类如何制作石器时，她循循善诱，以形象的动作为我们展示了石器的打磨过程。你看她两手做出拿着石块的样子，掌心相对，上下"摩擦石头"，并解说道："你看，那时的人类就是这样磨出光滑锋利的石器的……"我也情不自禁地与她做起一样的动作来。还有那幽默的话语，不仅引发了我们的兴趣，使我们忍俊不禁，更使我们形象地记住了重点知识……

最让我印象深刻的，是她在讲古人类如何获取食物时。她先向我们描述了古人类生活的环境，在她的描述下，我仿佛看见了参天的古树、潺潺的小溪，奔跑的小鹿……她先把我们带入了原始大森林中。随后主角出现了，那群被老师谐称为"帅哥"的北京人。他们似人似猿的外貌，在我们与老师的探索中共同寻出；他们追逐捕猎的场境，老师津津有味地为我们呈现。而老师自己也十分沉醉其中呢！只见她讲得眉飞色舞，很兴奋的样子，在教室中走来走去，想让所有人都能听见的样子，她讲得十分流利，欢快，就像带着我们与北京人一起捕猎，举行欢乐无穷的烧烤盛宴一般……

我沉醉在老师的讲解中，她就像能在时光中穿梭的人一样，带着我们到了几十万年前。以后，我就要与她一起进行无数次时光旅行！这位老师给我的印象已经变成了一位有魔力、活跃、亲切的神奇老师了！在她的讲说中我有种身临其境的感觉，以至于下课了，我感到的不是如释重负，而是意犹未尽。

在新学期伊始，我爱上历史了，刷新了对历史的认识与对学校生活的认识。历史是神奇的，学校生活是有着神奇的老师的。

初冬真特别

双陈秋含

国庆的到来送走了秋姑娘，迎来了冬爷爷，万物都变得凄凉萧瑟。

道旁的树木依然青绿，但已有黄了的叶子在空中打旋儿，地面已经散落许多"枯叶蝶"。天空白茫茫的一片，冷风吹散心中那抹温暖，再也没有和煦的日光出现。

清晨，初冬的人们已经开始赖床了。确实，待在暖融融的被窝是件美事儿。全城都静悄悄的，只等寒冷的冬风来把他们唤醒。但也有早起的人们，多数是外出旅游的人。一个个都赶趟儿似的，准备去浏览祖国的大好河山，饶是冬天也抵不住他们热情似火的决心。

记得中秋那天是最冷的，老家那天下了雨更是冷到极点，丝丝刺骨的寒意让人情不自禁地颤抖，恨不得裹上厚厚的棉衣。雨滴滴答答地下着，地面到处是水坑，一踩就泛起阵阵涟漪，都能把鞋子浸得全湿，从里浸到外，还包括袜子。于是脚被冻成冰块了，脚上也蹿起一股凉意，又让人瑟瑟发抖。然而秋末初冬的天气就是喜欢捉弄人，它用凄凉的面孔骗了你。

下午，失踪好久的太阳公公不知何时爬上了山头，阳光照耀着这座城市。青绿的树叶在阳光照射下熠熠闪光，仿佛是春天时的勃勃生机的样子。这温暖的阳光又让人打起了瞌睡，想躺在草坪上坐着，躺着，打两个滚，踢几脚球。这时拂面而来的微风也夹杂着一丝暖意，令人想伸个舒服的懒腰，那些小花小草也沐浴着阳光，空气中浮着暗暗花香，这真是个难得的好天气。

傍晚，气温骤降，又与早上时别无二致。万物都蜷缩起来了，花儿紧闭着花瓣畏畏缩缩，树木也枯败无力，与黑夜为伴。只有桥上的霓虹灯还闪烁着，河面倒映出一幅灯火阑珊的画面。

秋末已过，初冬已至，万物又酝酿着什么捉弄人的把戏呢？

难 忘 的 他

王怡丁

每天上学的时候，路过一个岔路口，她的脚步总会不由得放慢，只要不下雨，她都能看见一个老爷爷在那里把落叶扫了又扫，扫了又扫。他六十多岁，穿着一件破旧的棉袄，白黑相间的头发显得有些乱，黑黄的脸上满是皱纹，像刀刻的一般。

大树下，没有座椅，他经常孤零零地坐在地上，手握一只扫把，像是睡着了似的。一次，她路过了老爷爷的身边，他依旧是那样。貌似脚步声吵醒了他，老爷爷眨巴着眼睛，看到她后，连忙站起来扫地。她有些心疼，但快要上课了，她不得不加快了脚步，离开了岔路口。

她来到了早餐店，该付钱的时候，钱包却不见了踪影，她十分地着急，身上和包里的任何地方她都找过了，就是没有。她抬脚走出早餐店，谁知天上下起了大雨，猝不及防的她一下子就被下得正欢的雨水淋湿了头。不知怎的，她突然想起了岔路口的老爷爷，她的钱包应该就掉在了那里！她正准备拿起早餐店的金属伞往回走，可是，她觉得那个老爷爷只是一个扫地的，日子一定过得不好，这个钱包肯定被老爷爷自己收起来了。这样想着，她立马就丧失了寻找的信心。算了，还是去看看吧，再不去就晚了，她抬眼看看自己的手表。

"哗……"雨越下越大，大得模糊了双眼，看不清前方。但她却一眼就认出了坐在大树下躲雨的老爷爷，他依旧是那样安详，只不过雨水将他的头发拍合在了一起，浅灰色的棉袄颜色也愈渐愈深。雨点儿打在树上在落在地面上溅起一层雨雾，模模糊糊间，她踏着雨水奔向老爷爷，刚到跟前，他却扬起一个微笑，像是松了一口气般地将手里的那鲜艳的钱包伸手递给了她。

"为什么？"为什么他不把钱包自己收起来？在这么大的雨下，他可以不用等她的。可笑的是，她居然还如此的怀疑老爷爷。

她迟迟没有去接住钱包，她的双眼蓄满了泪水，那是愧疚的泪。

"孩子，别哭啊！这钱包不是找到了吗？"老爷爷说着，把手中的钱包塞进她的手里，慈祥的笑容竟是让她的心更加的难安

她终是点了点头，嘴边答应着，哽咽着，手中接过钱

包。

老爷爷走了，在倾盆大雨和层层水雾中隐去了，什么也没留下，只留下了一个匆匆的背影和一句话。

"你们学校里不是说过'诸恶莫行，诸善奉行……'吗？你看我做得对不？"

他只是一个老爷爷，拥有的却是世人难有的质朴、纯真的品质！

她一直都忘不了老爷爷，那个曾经一度使她难以心安的那么一个人，事隔多年，心中的愧疚渐渐地淡去，但是那个质朴的老爷爷，却被永远烙印在了心间……

我 的 父 亲

杨 婷

我的父亲是个生意人，常年在外出差。

因为不常见面，只依稀记得他的样子：才四十出头，脸上的皱纹却分外的明显，因为太过忙碌，来不及打理头发，特意剪成了"寸头"。仔细看就会发现，那整齐的头发里还夹杂着几根银丝。高挺的鼻梁上一副黑框眼镜。

记得二年级的时候，有一次，我像往常一样在八点半迈出了托管班的大门。

刚下楼，我便看见一个熟悉而又陌生的身影：不高的个子，单薄的衣服，靠着路灯不停地搓手、剁脚。我一眼便认出了他，大喊了一声："爸爸！"他立刻停止了手上的动作，转过身来。我先是一愣，然后箭似的冲了上去，一把抱住他。

路灯下，他的样子格外清晰。几月不见的父亲的眼角上仿佛又多了几道皱纹。

我问他："爸爸，你等了多久了？"他结结巴巴地说："一……一个小时吧……"我心想：什么？一个小时？要是换作爷爷我还要多等他几分钟呢！"我今天回来，想来接你……我以为你是八点放学的，所以我七点半就来了……"不知怎的，我的眼睛像是被什么东西模糊了。我伸出小手，想去牵爸爸。刚碰到他的手时，我不禁打了个寒颤。"爸爸的手怎么那么冰？"我小声嘀咕着。他仿佛听到了，又搓起了手。我望向他那单薄的外套，问道："你怎么穿得这么少？""我……我以为……双流不冷的……"他突然羞红了脸。"来，爸爸，我给你暖暖。"我伸出一双小手，认真地看着他。父亲像一朵花似的笑了，笑得那么灿烂，那么阳光。

我许久都没看到过那么亲切的笑容了，它像冬日里的一缕阳光，温暖了我的心田。就是这样一个为接女儿，激动地忘记添衣服的人；一个忘记时间，在冬夜的路灯下苦苦等待女儿一个小时的人；一个看到女儿却害羞得不会说话的人，就是我至爱的父亲。

行走在爱里

父亲也有温柔的爱

杨金宇

草木昏黄，仿佛枯雪染了霜，剩我孤单！

背影未央，就像流连那么长，剩我仓皇！

这几年，在家里兜兜转转，最终转回原点，这份隐藏在层层寒冰下的亲情，却逐渐露出真容。

父亲是一个严肃的人，他似乎终年都没有扯动他的嘴角，哪怕是轻轻一下，甚至吝啬到似乎从来都没有抱过我，连一句亲昵的话或者亲昵的称呼都没有。记忆里，他似乎从来没有去过我的小学，我有时候甚至觉得在这个家只有妈妈才真正地疼爱我。

记得在我五岁那年，有一次，妈妈她就用温柔的语气对我说："乖女儿，你要不要去学拉丁舞呢？我看你们班许多同学都去学了，你想要去吗？"

当时的我也不太对舞蹈感兴趣，我就微笑地对我妈妈说："妈妈，我不太想去跳舞，我可以不去吗？"

此时，爸爸过来了，他还是那一张扑克脸，冰冷地说了一句："你必须去。"绷着脸部的肌肉像是机器缝补上去的一些活力也没有。

当时，我的火气就噌噌地往上涨了，心想：我不想去，你们就都不能强迫我，你越这样，我就越不想去学跳舞，哼！你能奈我何？我不经大脑思考，一句话就脱口而出："不去，不去，就不去！反正我就不想去！"

爸爸听到这句话后，他的脸上仿佛又蒙上了一层冰霜，冰冷地抛出一句话："你必须去！"然后他摔着重重的脚步，扬长而去。

幼小的我从未见过爸爸发过如此大的火，便瘫坐在地上，呜呜地哭着。妈妈见状，便立马冲到我面前安慰着我："乖女儿呀！不要哭了，你不想去就不去学吧！我们尊重你的选择。"

我呜咽着对妈妈说："可……可是爸爸说让我必须去学……"

妈妈继续劝着我："你自己仔细考虑一下吧！明天告诉我你的答案好吗？"

"好……"

当一缕阳光洒进我的卧室，窗外郁郁葱葱的树林也展开了挺拔的枝丫，睡眼惺忪的我不情愿地穿上我的衣服，便去找妈妈，对她说："妈妈，我还是去吧！毕竟我也不是特别讨厌，再加上我又想尝试一些新东西。"

妈妈释然一笑："那你就去吧！"

爸爸是那样严厉，那样不苟言笑，妈妈却是那样的温柔，那样的善解人意。有时候，我觉得爸爸根本就不爱我。可是，在我五年级时，爸爸的爱却好像从地底冒出来，流露在我的身上。

记得五年级寒假的时候，那一天，天灰蒙蒙的，仿佛随时都有一场阴冷的雨，不一会儿，疾风便吹了起来，树叶在疾风中摇曳，树干弯了它的腰，仿佛随时都会被折断似的，路边的行人都赶快冲回家，生怕这疾风把他们吹走。可是，毫不知情的我却在家里把头发给洗了，我比较笨，吹了半天，头发还是很湿漉漉的，尽管电热风呜呜地叫着，还是不自主地哆嗦了起来，牙齿开始打架，几个大呵欠把爸爸招引了过来。他依旧冷着一张终年不化的冰山脸，走了过来，一把夺走我手上的吹风机，径直给我吹起了头发！还用他那粗糙的手撩起我的头发，头顶上吹风机呜呜地欢唱，我感觉头发很快地欢舞了起来，一股暖流在发间回旋。在那一刻，我觉得我错了，一切都错了，仿佛一切都乱了套，在那一刻，我觉得外面的风雨算什么，我有一个坚强的后盾，他仿佛在告诉我：如果自己一个人不行，就随时都可以回来，我永远都是你最安全的港湾。

爸爸的手一丝一缕地拂过我的头发，我可以感觉得到他那轻柔的动作和小心翼翼的神情，这几乎就是别人口中所说的铁汉柔情了吧！在这一刻，我的眼眶不禁有一丝湿润，这是爸爸第一次这么直白地表达出他对我的爱，我的内心仿佛受到了万千阳光的滋润，就算让我独自面对门外的风雨，我也无所畏惧，爸爸万年不化的冰山脸，也在这一刻彻底瓦解。

这些年来，爸爸对我的爱一直没有流露出来，可是，就在那一天，多年没有现形的爱却显露出来，让我倍感愧疚。

这份父爱已经解冻，那一刻，只见父亲眉眼如水，目光坚毅……

行走在爱里

高启浩

我是一颗小恒星，而亲人们则是几颗行星，昼夜不停地围着我转呀转；我是刚刚生出嫩芽儿的小树，期待着四季的变换让我长大；我更是一张不谙世事的白纸，等待着亲人们的彩笔来丰富。

母亲的爱是冬天里温暖的火堆，是在你摔跤时心疼的眼神与安慰，是在你遭受挫折时的鼓励与支持。寒风萧萧的夜晚，我与伙伴在走廊上奔跑、跳跃。玩了一会儿，一个大胆的伙伴站在台阶上，跳了下来，毕竟是调皮的年龄，我也模仿着。我不知道怎么了，当额头上的剧痛把我唤醒，我沉默了半晌，"哇"的一声哭出来，大哭着向家跑去。妈妈第一个冲过来，看见的是她心爱的儿子额头上一个很大的包。妈妈猛地把我抱住，自己也低声抽噎。妈妈安慰着，抽噎着，如同自己的心也受伤似的。朦朦胧胧中，似乎看见了医院，而在我耳边回响的，却是妈妈的抽泣。

婆婆的爱是饭桌上的香味。是在你饥饿孤独时满满的饭菜，是在你流浪疲惫时暖暖的馨香。窗外昏黄的天空，映着深秋凄冷的大雨，风呜呜地嚎叫，无情地刮着归根的落叶，雨水打在身上冷冰冰的，试图聚集的温暖再次被淋散，我走在秋天的小道。风更猛烈地刮了起来，雨势倾斜，打得树叶沙沙作响。到家了，扑面而来的是饭菜的香气，婆婆迎上来，关切地说："孙儿，快去换衣服，打湿了吧，小心着凉，换好衣服来吃饭啊！"饭菜的香气，婆婆的爱。

爷爷的爱是在车轮上滚过的春夏秋冬。是在我翘首以待时的身影，是在我感到前途漫漫时的渡船。早起是寒冷的天，出发，上学。爷爷坐在电瓶车的驾驶座上，戴着手套，穿着羽绒服。我扯扯衣服，坐上座位：不管天气怎样，都得上学。驶过一个个红灯路口，看见走路上学的同学，心中一阵涟漪。又是一个冬天，九年了，爷爷坚持着，坚持着，不论是数九寒冬，还是严寒酷暑，不论是小雨纷纷，还是春光明媚，爷爷的身影，带着我走了九个春夏秋冬。

我是一张不谙世事的白纸，等待着亲人们的彩笔来丰富。这支彩笔，是爱。

红绿灯下的那一刻

朱 宇

有时，一次普通的吵架，也能启发我们许多……

欢快轻松的晚自习下课铃久久回荡在寂静的校园里，可校门口却早已沸腾起来了。家长们焦急地寻找着自己的孩子，有的伸长了脖子，有的时不时抬起手看表，有的在树下踱来踱去……汽车喇叭震天动地，此起彼伏，给这冷清的冬天增添了不少活力与热情。

凛冽的寒风呼啸着袭来，刀片似得刮在我脸上一阵一阵疼。我推着笨重的自行车艰难地穿行在肩并肩的汽车之间的狭窄缝隙里，费了好大的劲儿才钻出来。我走到人行道前，鲜亮的红灯发出了危险的警告。这时，一个男生的声音溜进我耳朵里，这声音雄浑，却又含着不耐烦。声音越来越近，越来越大。突然，从人堆中挤出一对母子，同时，刚才的声音也随着一起挤了出来。一位母亲带着儿子也停在了人行道前。

天空还是那深不可测的深蓝色，路灯投下昏黄的光芒，无精打采地杵在路边。昏黄的灯光下站着一个高大的男生和一位瘦弱的母亲。男生铁青着脸，也不管旁边的行人，朝妈妈大吼道："我怎么就不能去玩了！"带着恐吓的声音惊扰了其他的行人，但他们都一言不发，装出毫不在意的样子，实际上都在偷偷地看着。人行道前一片沉寂。"最近你总是玩到很晚才回来，不允许再出门了。"妈妈的声音平静而又严厉，对儿子的恐吓并不胆怯。儿子冷冷地瞪着母亲，他握紧了拳头，一字一顿地说："我—不—用—你—管！"行人一看不妙，悄悄往后推了几步。母亲仰起头，看着儿子，面不改色："你已经六年级了，成绩必须提上去。"妈妈只用了只言片语，气势却毫不亚于健壮的儿子。天空还是深邃的，可路灯却仿佛比之前更暗了。

红灯闪烁着，消失了，绿灯发出了安全的信号。可是没有人迈出一步，行人好像都忘记该走了。儿子巨大的黑影在路灯下一动不动，沉重的呼吸声能清楚听见。妈妈不看儿子，而是看着绿灯的方向，她轻轻地说："走吧。"说着，她独自往前走，不顾一切地往前走。儿子还是没动一下，人们哪敢动，万一刚走一步儿子的拳头就落下来了呢？绿灯开始闪烁了，儿子终于缓缓动了一下，随即极不情愿地追向妈妈。行人也都舒了一口气，如梦初醒似的，往四面八方走去。这里又恢复了不久之前的喧闹，汽车喇叭声震天地，人们熙熙攘攘，好像什么都没发生过。可我却觉得，有什么和之前一点儿不一样了。

打开家门，妈妈眉开眼笑，可我觉得妈妈瘦了不少，我以前从来没有这种感觉。妈妈用她一个人窄窄的肩膀，撑起我们整个家。以前觉得妈妈好厉害，好厉害。现在也是这样，但另一种心情油然而生了，这不是依赖，而是心疼。

岁月在让我们长大的同时，也在偷偷染白妈妈的头发。在我们和妈妈吵架的时候，常常会因为比妈妈高大而强词夺理，常常会因为比妈妈更有精神而固执倔强，常常会在心里责怪埋怨妈妈。这一切，妈妈都知道，然而，她不但会包容这一切，而且还会一直深爱我。我想，这除了妈妈，谁办得到呢？

雨还在下……

余京泽

雨，悄悄地来了。

轻柔的雨丝吹拂着大地，密密地斜织着。滴答滴答的伴奏声在教室外清脆地响着。已是晚上八点，我们放学了。

我站在教学楼下，呆呆地望着外面愈下愈大的雨，不禁咽了一下口水。校门外的家长都打起鲜艳的伞来，红的、黄的、绿的，像一朵朵花儿，绽放在这朦胧的雨雾之中。我把外套上的帽子遮在头上，小心翼翼地走向校门，只感到雨嗒嗒地落在我的头上，又从帽檐轻轻地滑落。看着身边一些学生欢快地飞进家长的怀里，我从心底深处升起了羡慕。

我低下头正准备独自回家时，一个身影从人群中蹿出。我抬头望着他，这一时刻，仿佛时间放慢了，世界静

行走在爱里

止了，只剩下我和他。我愣愣地望着，十分惊讶。这位身材不高，两道又黑又长的剑眉下有一双炯炯有神的大眼睛的男子眼里尽是坚定与稳重。"爸爸！"我轻声叫道。爸爸看见了我，眼里像手电筒似的放出开心的光，拿着伞，小跑过来，把伞挡在我头上说："儿子，放学了？"我用牙齿紧紧咬住嘴唇，低下头说小声说："你怎么来了？"

我还在为那天的事生气呢！

那天，我正在做作业，有一道题我冥思苦想，怎么也找不到解决的方法。无奈之下，我只好去请教爸爸。他耐心地给我讲解，可我不知怎么了，爸爸讲了三遍，我还是没有听懂。这时，爸爸抡起一巴掌就狠狠地打在了我的脸上，"做题时要多动脑筋……"爸爸接着又严厉地批评道。想起那一刻，我那不争气的眼睛此时竟又伤心地落下了泪水。爸爸真狠！

"爸爸今天不上班，特地来接你！"借着昏暗的灯光，只见爸爸嘴角微微翘起，笑意盈盈，他似乎完全忘了上次我做作业的事情。"走，回家吧。"他伸出粗大的手揽在我的肩上，我一下子感受到了爸爸的温暖和力量。

一路上，雨犹如披着羊皮的狼，刚刚还是温柔的绵羊，一下子就变成了凶猛的恶狼。倾盆大雨重重地打在伞上，让人不禁为这把伞感到揪心，街道两旁全溅着透明的水花。可怜的爸爸，他为了不让我被淋湿，尽力让我走在伞中央，而自己一半在伞中，一半却在雨中。我抬起头一看，爸爸的那件夹克上全是晶莹的水珠，雨水滴进脖子里，顺着衣服，打湿了裤子。我看了不禁打了个寒颤。雨呀，你为何这般无情！

"爸，走进来些吧！"我担心地劝道。爸爸转过头，从僵硬的脸上勉强挤出一丝笑容，"没事，爸爸不怕。"我用担心的眼神看着他，又慢慢地低下头。雨水哗哗地打在他身上。他不时把手从包里抽出来，快速地摩擦着。看来爸爸是真的冷，我的心犹如刀割一般。我望着他，不知怎的，眼眶变得湿润起来，视线也渐渐模糊，泪水涌出，与飘在脸上的雨水一起滑过脸颊。我赶紧低下头，擦干泪水，生怕爸爸看见。我知道，爸爸是爱我的！

雨还在下，风还在吹，树叶打着旋儿随风狂舞。本来很短的一段路程，今夜走来却显得那样漫长。在这暗黑的世界里，我看见了伟大的父爱的烛光！

切莫忘珍惜

杜璐璐

有的东西弄丢了还可以再找回来，有的东西失去了还有另一个来代替，唯有时光不同，弄丢了就再也找不回来，失去了也就永远失去了。

人到了一个阶段总会怀念上一个阶段，我也不能免俗。一年过去了，我心中却依旧装着那个，小小的，不繁华的，安静的小城。

虽说过去了一段时间，我却依然记得，那所在小城里的学校。它的面积很小，大约只有现在学校的一半大。就是那一个小小的地方，装了我六年的回忆。

还记得学校栽了许多树，最多的便是桂花树。每年到了七八月，桂花便开了。虽不见花，却可以闻到花香。

不知我的座位是谁在坐，不知曾经教我的老师又教了那个年级。但我想那花的香一定如常。

在那六年的回忆中，所有的不止那所宁静的学校，还有那不可少的——朋友。

我的朋友很少，但就是那么少少的几个，却都是以真心待我的。

还记得我跟同学一起放学，每次都是边笑边说地走完了全程。就连分别时，也是一步三回头。可我当时，却还觉得她们待我不够好。

我在小城里生活了十二年，学校朋友只占了一段日子。但，有两个人却贯穿了所有——我的外公，外婆。

小学时，我的父母不在身边，是外公外婆把我带大。外公是个急性子，嗓门比较大，就导致我的朋友都说有点怕他。外婆则正好相反，她说话总是慢条斯理的，一眼看上去就知道是个慈祥人。她还信仰佛教，就导致她更加温柔了。就是这两个风格截然不同的人，组成了一个家庭。我便是在这个家中长大的。

外公外婆待我总是很好。他们很是节俭，从不给自己花太多钱。但，却愿意为了我，多花上十多元钱，只为买一个吃的。可我当时却总是不能理解他们，一心只想着玩。

时至今日，我总是会突然想到他们，想到我的小城。

在这个城市里，再也没有那所学校，再也没有对我一走三回头的朋友了，再也没有像我外公外婆一样待我的人了。

我总是沉浸在这样的怀念之中，日复一日，身边的一切都是那么陌生。

直到有一天，我意外翻到了一篇文章。到今天，我都还记得文里的那一段话，"人的一生总是活在怀念里，青年怀念童年，中年怀念青年，到了老年又怀念中年。与其一辈子活在怀念里，不如珍惜当下。"我当时读到这番话时，内心很是复杂迷茫。我身边的一切值得我去珍惜吗？我忍不住想去看看。

原来我的学校那么美啊，原来我身边的朋友待我那么好啊，原来我的父母一直在我身边啊。

我竟然现在才明白这一切，幸好时间还不晚。我虽失去了许多，但也得到了颇多。时光那么忙，若是现在不去好好珍惜她，以后一定会后悔吧。莫等到老去，才叹息，时光在哪里呀。

切莫忘珍惜。

孵 小 鸡

骆 潇

　　童年，是闪闪的星星，在我的心中闪烁；童年，是
时隐时现的波浪，在我的脑海里荡漾；童年，是一个百宝
箱，里面装着辛酸和泪水，装着委屈与难过。但最多的，
还是一丝丝甜美的笑和抹不去的回忆。

　　"咕咕咕" 随着一阵阵鸡鸣声，生机勃勃的小乡村又
迎来了一个阳光明媚的早晨，石榴花在枝丫上悄然开放，
嫩绿的叶子衬着似火的花儿，美极了。远远望去，就像黄
昏渐渐升起的晚霞。我可爱的妹妹——韵韵，揉着惺忪的
大眼睛，打着哈欠向餐桌走去，若有所思地拿起一个鸡
蛋，打量一番，天真地问小姨："妈妈，这个鸡蛋会不会
孵出小鸡呀？"在旁听着的我差点儿笑出声来；熟鸡蛋怎
么可能孵出小鸡呢！小姨似乎也跟我一样，有些笑意地对
韵韵说："韵韵，熟鸡蛋是不会孵出小鸡的，只有才出生

的鸡蛋能孵出小鸡。"小姨刚说完，韵韵眸子里一闪，突然凑到我耳边，悄悄地说："姐姐，我想孵一只小鸡，我们偷偷去拿个鸡蛋，如果你同意，等一下就这样……"我心里一惊：这古灵精怪的丫头，鬼点子真不少，那我就陪她一回。我朝她点点头，随后，这场秘密行动就开始了。

开始午休，小姨和奶奶都睡着了，一直装睡的我和韵韵立刻来到鸡棚，慢慢推开门，我寻寻觅觅了好久，终于找到了目标——一只漂亮的母鸡，它正在窝里孵蛋呢！韵韵开心极了！忙拿竹竿赶走母鸡，母鸡似乎很害怕，一下就跑了，还大声叫了几声，我和韵韵不知所措，生怕吵醒了大人们，飞快拿起一个鸡蛋，又跑到床上装睡，确认没有问题后，我拿出鸡蛋，对韵韵说："我们把它裹在被子里，用手捂着，就能孵出小鸡。"韵韵满脸欢喜，边捂边睡觉。

"韵韵，你们俩在干吗呢？"午休结束后，小姨看见我和韵韵在捂着什么，奇怪地问。"我们在孵小鸡！"我和韵韵不约而同地回答。小姨哭笑不得，说："你们这样孵不出小鸡。""为什么？我们一定可以！"韵韵大声反驳。"孵小鸡要有适宜的温度、湿度、通风条件和时间。"小姨微笑着向我们解释。我们似懂非懂地点点头，然后躺在床上大笑起来。

天边的白云被渲染成红色，夕阳西下，快乐的一天渐渐地过去了，而它却给我留下了美好的记忆。

忆

康家乐

初春，家乡的槐树应该抽出了新芽。只是，曾经的落叶，是否已随着时光飘向远方？

垂髫之年，我生活在爷爷家。爷爷写字很是好看，他的字灵动飘逸，常常让我看呆了。看得多了，便也想模仿，于是趁爷爷不在家时拿起笔，装模作样地将笔尖放墨瓶里蜻蜓点水般蘸一下，照着他的字画起来。

事与愿违，我常常写了几个字便没了耐性，开始鬼画桃符，等到爷爷回家才知道后悔。

爷爷凶起来是很吓人的，一向性烈如火的妈妈在他面前也总是像只温顺的兔子。门市的角落有一条褐黄的木枝，每当它到了爷爷的手里，便如同张牙舞爪的恶魔，令人生畏。在爷爷的威逼下，我伸出沾满墨迹的小手，却在木枝要挨近的时候猛地抽回去。他的眼睛似乎要冒出火，但火苗却总被我可怜兮兮的小眼神给熄灭。

爷爷总是起得很早，天刚蒙蒙亮，我便迷糊地听着卷帘门打开的声音。一次，我在他离家后跑到门口，看见一抹黑乎乎的人影愈行愈远，晚秋，寒风凛冽。一旁的槐树被冷风叫醒，几片叶子徐徐落下，试图留住已经过去的秋天。

几天后，我离开了老家。

我渐渐长大，上幼儿园、小学，我也只是在春节回去看看。如今的我，已不再惧怕那褐黄的木枝，在槐树旁生活的时光也已渐渐被我埋在记忆深处。

直到两个月前，爷爷搬过来了，搬进了这边的医院。爷爷不再是我记忆中的他。

如今的他比我要矮上几分，眼睛也已经黯淡无比。

那天，我望着病床上的爷爷。他无力地躺在洁白的病床上，眼里流出滚烫的泪水，曾经令人生畏的他居然像个孩子般哭了，一遍又一遍地说着，我要回家，我要回家……

那是我最后一次见到爷爷，几天后，爷爷回到了家乡，那槐树的旁边。听爸爸说，爷爷临终前说不出话了，在纸上写着自己想说的话，写几笔就得休息一会儿。爷爷给我留的最后一句话是，你要好好学……

初春，是新生命的开始，它却带走了枯黄的落叶，带走了槐树旁黑乎乎的身影。

闲对风光独自游

江谨宏

天下风景无处不在，名山大川中不乏晨钟暮鼓的宝刹，记忆最深的是新津纯阳观，那是一处寂寞的小风景，人迹罕至，却意味深长。

从一座耸立的牌坊下穿过，迎面而来的是运渣车扬起的阵阵沙尘，两旁是绿油油的菜地，田间偶尔见到匆匆而过的劳作的人，晒满谷子的旷地后面竟然有一处树木葱茏的地方，在四周平原的地方显得有些突兀。那就是纯阳观。

纯阳观大门旁有一堵高高的影壁，上书"玉清道院"四个大字，跨过门槛，看到了一个水池，水池中已经没有了水，只有一池疯狂生长的野草，一旁的墙壁上刻着一个"佛"字，这让我感到很奇怪："这儿不是道观吗？怎么会有'佛'字呢？"我有些糊涂了。

时下天气炎热，爸爸见一旁有茶铺，便对我说："你自己去看看，里面有一些你喜欢的人物。我去喝会儿茶。"

跨进纯阳观，原来以为会香烟缭绕，没想到里面竟清静得紧，几声蝉鸣清晰入耳。跨进殿门，迎面看见一个狰狞的神仙，只见他右手执笔，左手拿着一个墨斗，头上长着角，一头红发，金鸡独立站在一只鳌的头上，想是取"独占鳌头"之意。那就是魁星，因为魁星主宰文运，传说古代科举考试，魁星都会用他手上的朱笔在状元头上点一笔，也就是"点魁"。古代秀才们考试前都要给他上香的，因此像前香炉中积了厚厚的香灰，"这都是怕考不好吗？"我笑笑，便往后殿走去了。

后殿是文昌武圣殿，其实就是一个幽僻的四合院，蕨类在四合院的墙角处静静的生长着，里面供奉着文昌帝君和关羽。穿过中间的天井，文昌帝君面对的塑像映入眼帘，中国人心中的"武圣"此刻身穿绿战袍、面如重枣，手捧《春秋》正襟危坐，后面站着周仓和关平。我恭敬地跪下来，磕了三个头，用敬畏的眼神看着他，心想："大意失荆州，犯下了太大的战略错误，还被孙权砍了脑袋，他武力比不上霍去病，可文人们却不喜欢霍去病。也许是杀戮太重不喜欢读书吧，只好选择爱读书的关云长。"

穿过回廊，踏上小桥，两头白象迎面站立在我的两侧，"是谁这么伟大？还要白象来守门？"我走上小桥的最高处，看到了匾额——"万世师表"。"孔子！"我心中惊呼。塑像上的孔子长长的胡须，长长的眉毛，慈眉善目，牙齿外露，旁边还有颜回、孟子等的塑像。"儒家思想对中国是有贡献的，如果是在古代，我是一个秀才，县里的官差一定会带我们到这种圣地来祭孔，我们背着背篓，装着文房四宝，每一个雕像前，礼官都会大喊一声：'跪！'我们就集体跪下，再一喊：'一叩！'怀着敬仰的心情对着孔子的塑像行三叩九拜之礼，再对着其他石像一一跪拜，在孔子塑像前朗读自己写的祭文，临走之前还要烧一炷香。如今没有香烛纸，我便叩拜这万世先师吧。"我按照儒家的礼叩了几个头，一个念头涌上我的心头："关老爷手拿《春秋》，大概是闲时恶补文化吧，典籍中的孔子闲时模样是这样的，'暮春者，春服既成，冠者五六人，童子六七人，浴乎沂，风乎舞雩，咏而归。'这是孔子所向往的自由的一面，而我们更多地看到的是他庄重的一面。可为何……为何这里给人一种清冷的感觉？"我带着疑问，沿着青苔铺满的石砖，迈进了偏殿。

偏殿名曰至孝亭，刚一踏进亭中，我迎面看见一尊端坐的雕像，可本该俯视众生的头却早已不翼而飞，我的背脊突然没来由的发凉，我拼命忍住恐惧感，走了进去。站在亭中，我数了数里面的塑像，一共二十四尊，都是我国历史上著名的孝子塑像："卧冰求鲤""缇萦救父""代父从军"……最有名气的坐在亭子中央，其他分别靠墙而坐，所有雕像都是坐像，屁股下面的座凳外皮已经脱落，露出了里面的垫砖，我奇怪了：塑像不都是烧的泥胚吗？还坐砖干吗？不留神靠在了柱子上，斑驳的漆皮轻轻一碰便掉下一大片。这时，我方才明白过来：原来，这里是这么荒凉，游客寥寥，蜘蛛网都挂在石像的后面，到处是灰尘。如若在古代，这种地方应是官府都会重点保护的对象，无数人都会来此祭拜。如若长此以往，这道观哪会有这样衰败的景象，可是……

我叹了口气，这里已经不复当年盛况，焚烛台的烛泪早不知是多久前的遗存，岁月对这座古观来说，早已不再重要，在冷清和寂静中，青苔慢慢覆上台阶，灰尘落满雕像……

尽管灰尘落满雕像，但我却在这个闲时光阴里看到这些杰出的人和杰出的事件，也许这里的存留的文物终会消失，但这些英雄是不会消失的，这是一个民族的记忆，他们永远留在我们内心的深处。

美丽的雅江

格勒巴登

　　虽然雅江的人不像大城市的人一样富裕，可他们有快乐的生活；虽然雅江没有高楼大厦，但是有一座座拔地而起的高山；虽然雅江没有游泳馆和温泉，但是有川流不息的雅砻江；虽然雅江没有火树银花的人造树，但是有一棵棵茂盛的大树。

　　雅江的什么美？山美。在我家后面，有一座看不见顶峰的圣山紧紧地依靠着，与对岸另一座圣山遥遥相对。高原的气候更为它锦上添花，这时还是万里无云，绿得发亮，不过十分钟，天边飞来一团灰蒙蒙的乌云，为这座山披上一层半透明的外衣。霎时下起了滂沱暴雨，真中"山色空蒙雨亦奇"啊！而且，山上还有不少敏捷而可爱的小松鼠们为这座圣山如虎添翼。来这座山上散步的人们都会买一些花生给它们吃呢！

雅江什么美？水美。早晨，东方的天空泛起了鱼肚白。淡淡的霞光下，雅砻江闪烁着一片片银鳞，江水清得透明，静静地从两岸穿过。中午，走近雅砻江，水声震耳欲聋，它气势磅礴，气贯长虹，势不可挡。好似一只金鳞巨蟒，翻滚着，奔腾流去。中午的雅砻江热烈无比。傍晚，奔腾的雅砻江平缓了下来，缓缓地流淌着。在橙色夕阳的照耀下，雅砻江变得有如一条光滑而又鲜艳的彩带，美丽极了。夜幕降临，皎洁的明月波拨开了天空中厚厚的云层，将自己的月光尽散向江面，如同一条壶口瀑布从天而降，使江面发出银白的光芒。而在这银色的光芒中，又镶嵌着几颗闪闪发亮的雪花。

哦！原来是天空中点点的繁星啊！真是美不胜收啊！

啊！雅江是多么美丽啊！雅江真是四川的"人间天堂"！

家乡美——凤翔湖

彭惠聆

空气清新，如诗如画！这华丽的词语，这唯美的意境，只配给美景做修辞。而我的家乡——双流却有个地方能配得上这些词语，那就是美丽的八千五百亩湿地公园中新建成的凤翔湖公园。

星期五下午，吃过晚饭，我们一家人便前往凤翔湖公园。远远地，一排房子的轮廓出现在了我们的视野中。再走近些，两个像"鸟笼子"一般的大楼便映入了我们的眼帘，我好奇地跑到"鸟笼子"大楼跟前，才发现这不是什么"鸟笼子"，而是在大楼的外面套了一层铁皮，装饰得像鸟巢一样。这样高超的艺术境界，真是令人惊叹！这两栋大楼为美丽的凤翔湖公园增添了一抹艺术的色彩，使原本美丽的凤翔湖公园更加靓丽了！

走进这两栋大楼组成的"大门"，眼前豁然一亮，徐

行走在爱里

徐流动的溪流蜿蜒环绕于树林间，清澈见底的溪水哗啦啦欢快地跳着舞，调皮的小狗在溪水中嬉戏着，稚趣的小姑娘用手提着鞋在溪水中漫步着，一幅多么惬意的画面！

再往前走，便到了凤翔湖公园的广场上，男女老少伴着悠扬婉转的音乐节奏翩翩起舞，小商小贩激昂地叫卖着。站在广场边，回眸望去，一眼便望见了宽广的凤翔湖！沿湖边的木质观景廊台观赏湖光景色的游人如织。走着走着，一道亮丽的景象让我惊呼起来，一座长长的木廊桥横跨湖面，两旁的湖中还有两座绿树丛生的小岛，与湖畔岸上的行行绿树交相辉映。我高兴地快速冲上桥去，置身于这世外仙境中。漫步于桥上行走至湖中央，倚靠桥栏望着那荡漾的湖水。忽然，几只小野鸭在湖水上划翔起来，浪起排排水花，几只白鹭也在空中盘旋滑翔，引来众人注目，我想也许这就是凤翔湖名字的由来吧。

踱步弯弯曲曲的环湖游道，各具特色的湖岸景观让人驻足留连。占地六百四十余亩的凤翔湖公园，划分为垂钓文化区、阳光草坪区、创意（智）文化街区等九大主题功能区，以一百二十亩的湖面为中心，构成了"一心一环多核"的整体景观格局。

此时的夕阳撒下点点光辉，把湖面映照得斑斓多姿，色彩炫丽诱人，显得十分恬静而和谐，似是一幅色彩饱满的油画。站在桥上向广场瞭望，一群上了一个星期课的孩子们在相互追逐奔跑着，每个角落都洋溢着快乐，晚风轻吻着他们的发梢，孩子们的笑声伴随着天空中飘飞的各种各样的风筝升腾！　宽阔的湖面，繁茂的花草树木，形成了一个优良的生态环境，使凤翔湖不仅景色美丽如画，而且空气清新，难怪傍晚时分很多双流人都来这里散步、休闲、游玩！

一阵浅浅的风吹来，湖面泛起涟漪，树叶翻飞跳起舞蹈，风筝荡得更欢了。在这阵阵和风中，凤翔湖公园显得更美了！夕阳要回家了，我要走了，凤翔湖公园变得淡薄模糊了。我跨出鸟巢大楼又望了一眼凤翔湖，它变得那么的宁静而又美丽，游凤翔湖真让人驻足留恋！

家乡美——凤翔湖公园，一个表达人类与大自然亲密关系的地方！

秋话"太阳门"

何佳怡

我抬头——原来，已经入秋了啊……

前些天，我看见旧时同窗从那道拱门跑出来，扬起的笑容被阳光深深雕刻，纯净金烁，宛若顽劣的天使，留下金色光华溢出的轨道。我捕捉到她眸里的欢欣忘我，捕捉到她轻松盈快的脚步，甚至捕捉到她那浴在金光里乱舞的发丝，双颊上的红酡……笑声，脚步声，最后在校门口由黑影化作虚无……我蹲下，轻抚上自己的影，地凉影冰，西风斜下，我抬头——原来，已经入秋了啊……

时至今日，我才知晓那巍峨奇骏的建筑名为"太阳门"。的确，曦暮之下，无瑕的巨环，如同光润皎洁的玉块，翠华流波，夕赤宛转；又似乎是巨人遗下的魔戒，一遗，便是百年。粗糙的石块整块凿开，宏大壮伟的沧桑感随着日落缓缓升腾。古时战鼓擂动，铁军踏冰，马渡沧江，烘托出斜门侧景千古奇绝的画面来！像是点将台，立在阶上，仿佛自己是气宇轩昂的将军！出师征敌，金戈重甲，骨角铜号，热血沸腾；也像是占星楼，独留高阁，仰尽星光灿烂，命运多舛，白衣飞扬，青履绦皂，幽深莫测……我闭上眼，聆听着"太阳门"的呼吸，那是一种沉静厚重的天籁，神秘而又多情，强健有力地勾勒出岁月葱葱，漫漫遥途，若玉石竹磬，生动新鲜。

我也曾看见过门后弹琴的女子。她的面庞娴静姣好。羽睫低垂，唇角轻扬，美妙清脆的乐音从指下跃出，融入进"太阳门"的生命历史里。一曲终了，清水之眸，羞涩胆怯之意一扫而空。我不是知音，但我听出，这是一首关于志向和人生的歌，关于风和彩虹的歌。我同时忘不了的，有那自信的微笑，有那灵动的指尖，但，更多的是那金色的修长的背影似绿竹漪漪，刻满太阳的符文……

我睁开眼，西风携暮色纵下，天地间，一片浑沦，唯"太阳门"与我，在西风中，巨影和孱弱的影子叠在一起……这是一种清冷的悠远，灵魂的共鸣，独特的深沉，庄重的生命……

哦，早就入秋了啊——我笑道。还首，已经离你很远很远了……

你目送着我……

依旧。

那一次，我真心醉

邓羽乔

翻到钢琴的考级谱，似乎还带着那一年的薄荷味呢……

九岁那年，因为要考级，妈妈便让我每天去琴房练琴。

那个琴房是一个近似于正方体的房间，其中有一面墙是由透明的玻璃制成的，太阳光从玻璃墙射到了琴架上，好像为钢琴披了一件金色的长袍。

我乏味地翻着谱子，手指总是不往琴键上放，眼神望着墙外的薄荷和高大的香樟树。正在我走神的时候，几声轻柔的敲门声打断了我的思绪。我心里有些害怕：是不是老师来了？

打开洁白的木门，迎面扑来的是一股清新的薄荷香，那香气淡淡的，稳定了我的心神。是一位长发及腰的姐姐。她浅浅一笑，眼神极为清澈，轻轻地问："这里可以练琴吗？"我有些胆怯，坐在琴凳上，点了点头。

她拿出谱子，纤长的手指在琴键上舞蹈着，每一个音符都那么美好，像是精致的花。我在一旁听呆了，完全沉迷于其中，那是一种怎样的声音呢？像蜂蜜的甜蜜，薄荷的清凉，草地的柔软，阳光的温和。她换了一张谱子，正是我所要弹的复调曲。平时在我眼中单调的复调曲，竟然在这天使一般的姐姐的弹奏下，那么动人。像玫瑰的清甜，百合的浓郁，薄荷的清新，玉兰的淡雅。琴声越来越舒缓了，我的眼前渐渐浮现了一幅画面：一丝芳甜的风吹过花海中的教堂，一颗银白色的流星划过漆黑的夜幕，一位身穿白色长袍的少女捧起一朵玫瑰……

一曲完毕，姐姐站了起来，温和地笑着，语气还是那么轻柔："我先走了，你好好练哦。"我眼看着少女轻盈地离开，陶然地打开钢琴谱。望着夕阳，今天的夕阳很美，有玫瑰的红，百合的粉，玉兰的金，还有薄荷的绿。嗅着空气中残留的薄荷香，熟练地弹着钢琴曲。姐姐，或许我明白你的用意了呢……

你的那一次的弹奏，使得我心醉，我才发现，音乐竟然可以这么美好，练琴竟然可以这么陶醉，可能，这才是我考级成功的真正原因吧。

透明的琴房里，一位少女一直在弹奏，属于她的，薄荷味的曲子。

那一次，我真失落

宋菲

在我记忆深处，那一次班干部竞选是让我最失落的。那时我还没有毕业，刚进入六年级下学期，老师说："最近我们六班算是要分开了，毕竟只有短短半年时间。可是呢，我们依然要竞选班干部！"听后我很兴奋，想着我当了许久的体育委员，老师也应该选我吧。

于是我们便开始，在投票过程中，我看见我的票数还不低呢！嘿，我这次一定当上中队委！我暗暗地想。为了保证我能梦想成真，我硬是把身边的同学好说歹说地劝了又劝，还用小零食贿赂他们。我把黑板上的票数真是数了又数。终于投票结束，我定睛一看，呀！我的票数比第一名只少了三票！老师发话了："咦？这第一名和第二名差别不大嘛！"我正洋洋得意时突然一个同学站起来说我作弊。

顿时，我心里紧张了起来，站起来大声质问她："你凭什么说我作弊？"但是站在一旁的老师叫她坐下，然后转过身将我的票数抹去，待她转过来看我时，我清楚地看见老师眼中的失望。老师轻轻挥了挥手，示意我坐下。

　　我坐在位子上，心里像是一盆冷水浇过一样难受。我觉得很委屈，但是又不能发泄。而且老师还不听我解释。

　　终于熬到放学了，我背起书包，快步走出学校。行走在大街上，有几个同学从我身边走过，她们有说有笑的，虽然不是在说我，但是我就是觉得她们在嘲笑讽刺我。回到家后，妈妈见我这样，连忙问我怎么了，我哭着将事情的原委告诉她，她叹了口气，皱着眉头批评我。我静静地听着，其实，我也认为我不应该去强迫别人投我一票。

　　现在回想起来，我的心情依然很复杂，既不是失落也不是无所谓。唉，还是让这件事继续待在记忆深处吧。

那一次，我真后悔

余 锐

那一次，我真后悔。

在小学五年级的时候，我们班来了一位新的班主任：鼻梁上架着一副紫色边框的眼镜，头发在灿烂的阳光照射下显露出淡淡的棕色，她的眼神威严又充满了慈爱，让同学们不由产生一股敬爱之情。

在一次大课间活动中，男生们在跑步环节中嬉戏打闹，违反了纪律。活动结束后，班主任老师将我们留了下来。她扫视了一下我们，叹了口气，摇了摇头，流露出失望的表情。

很快上课铃响了，除了我们班，操场上已是空空如也，时而还能听见从近处教室传来的读书声。这时，老师那铿锵有力的声音传入了我们的耳朵："没教导好你们是我的失职，犯了错就应该受到惩罚，这样吧，我再跑五圈吧。"

"什么！"我霎时便瞪大了眼，惊异地望着老师，"这不可能吧！老师毕竟不是很年轻，而且我们大课间时，老师才陪我们跑了五圈。"正当同学们议论纷纷时，老师的脚已经迈了出去，双手在腰间有节奏的摆动着。

同学们都张大了嘴，不可思议地望向老师。我拍拍胸口长舒了口气自言自语道："老师一定是为了撑面子吧，最多跑一圈，嗯，一定是这样的。"我重重地点了点头。过了半圈，老师的脸颊开始微微泛红了，但是速度却丝毫未减。

很快第一圈即将完成，正当我以为老师会停下时，老师丝毫没有停下的势头，目光始终正视着前方。一步，两步，很快老师开始跑第二圈了，她的喘气声似乎越发的大声，额头上隐隐约约间看到了汗珠，同学们不约而同地一拥而上围住了老师，有的请求休息，有的跟老师一起跑。老师轻轻摇了摇头，在太阳光的照耀下，我朝老师的眼睛望去，透过镜片，泪珠在眼眶里打转，闪烁着泪光，那颗颗泪珠像千斤重的巨石，砸向我的心头。最后，还是没能留住老师，同学们只好跟随着老师的步伐跑起来。

第三圈，第四圈了。老师的脸色由红转白，汗水早已挂上了发尖，呼吸声清晰了起来，传入了每个人的心里。老师在不知不觉中已闭上眼，只是简单到极致地重复着：抬脚、落脚、抬脚……在不经意间，目光从老师的脸庞扫过，老师的脸颊不知是被汗水还是给泪水沾湿了。那湿润的脸庞是那么苍白如纸，没有一丝血色，似乎向我诉说着什么，而我的心也在隐隐作痛。老师那淡粉的短衬衫如今已被水浸湿透了，已变成深紫色！

最后一圈了，老师的双手已是自然下垂耷拉在身体两侧，缓缓地，缓缓地迈着步子，几秒后，只见老师后退了几步，晕倒了……

天似乎阴沉了起来，咦，又下起了蒙蒙的细雨，我只感到胸口有一种说不出的烦闷。同学们都羞愧地低下了头，我在心里说："以后我们做每一件事都会认认真真的。"

"经师易求，仁师难得。"每当想起老师，脑海中便闪出了这件事，想起老师那苍白如纸的脸色，那深紫色的衬衫，那眼眶里的泪珠，在困难前，便泛起了无限勇气。

那一次，我真害怕

裴雨欣

"起床了，起床了"，周六早晨，妈妈的"狮吼功"准时响起。要是平时，我一定早就起床了，可今天，我却怎么叫我也不想起来，这是为什么呢？这一切，还得从昨晚说起。

又是一个周末，我趁着明天不读书，一放学回家就开始看鬼片。一直到晚上睡觉，脑子里还惦记着丧尸，僵尸等等之类的。我躺在床上，脑子里一直想着刚才的恐怖片：鬼婴儿最后去哪儿了？丧尸咬人真的可以传病毒吗？僵尸为什么只能跳？……想着，想着，我开始有了睡意。

可这时，一阵敲门声打断了我……我心里立刻警惕起来，爸妈都有钥匙，不可能敲门。那么是谁在敲？我立马想到之前看的：一开门，门口的丧尸立马咬了上去……我不敢往下想了。我立马要用被子蒙住头，好似这样我就安全了。我又想：会不会是妈妈没带钥匙？又一想，她可以直接叫我呀！我看了看钟，马上就十二点了，她也不会来敲门呀。"咚咚咚"的敲门声还在继续，我也顾不上胡思乱想了。我想开灯，可又不敢。万一灯一开，我房间里还有其他东西该怎么办？我在心里安慰自己不要怕，可却越想越怕。我开始在床上乱摸，祈祷自己不要摸到除了自己以外的东西。我伸手一摸，摸到一个毛茸茸的东西，是娃娃！我想抱住它以求安全感，可又想起了诅咒娃娃。我就那样都没有思考地把它扔了，就那样扔了。

敲门声不知什么时候停了，我壮着胆子打开灯。屋里除了我，什么人也没有，也没有什么诅咒娃娃。我松了一口气，打算去开门。可又一想，万一它就在门外等着怎么办？我又开始怕了，我战战兢兢地坐回床上，双眼无神地盯住天花板，脑子又开始想了，什么妖魔鬼怪、牛鬼蛇神、丧尸、僵尸……什么都不放过。不知过了多久，我迷蒙地睡着了。

但是半夜又浑身湿汗的醒来了，不知做了什么样的噩梦。第二天，我睡到十一点才浑身酸软得起了床。和爸妈一起吃饭时又听到了昨晚的"鬼"敲门，仔细听之后才知道，原来是风吹得大门碰到门框的声音。

那一次，我真是被吓着了。

走好人生每一步

黎晓玥

在"沾衣欲湿杏花雨"的早春散步是一件很有情趣的事。

我推着妹妹，携着初春的香气在庭湖边散步。我走得很慢，只为欣赏湖边承着金阳的垂柳，缓缓地摇曳着，薄雾凝在发梢，心灵的清波在空气中微微润湿，湖上双飞的白鹭蜻蜓点水般荡起粼粼春波。

妹妹张开肉嘟嘟的小手"捉"露水，用幼嫩的目光打量着一切，她奶声奶气的笑声，仿佛像玫瑰花般。我望着湖面上的倒影，只有两人。已经十一岁的我，和九个月的妹妹，我分不清两人，毕竟，我们是那样像。只记得一个是我，一个是妹妹，我们两人，要一起走。

她望向一株嫩绿色的小草，咯咯作笑。我看看张开两瓣新叶的青草，又看看纯真的妹妹，仿佛听见了青草体内血液流动的声音。的确，她的生命像一株株生气勃勃的青草，蓬勃地从春跑到夏；我的心智，也从夏迈向秋。她一天天长大，我看着她，护着她；我一天天成熟，她看着我，陪着我。

从她冒出新芽的一刻，我才真正体会到生命的延续是那样传奇。这个世界，对她来说是新的，她一天天探索着。她抓住我的手，我惊了一下，她给我看她手里还沾着晨露的鲜花，张嘴就咬，还露出新冒出的六颗小牙，嘴角的酒窝如蜜一般甜。一瞬间，我仿佛在她的身上看见了花的影子，是那样明丽。我抱着她，亲亲她的脸，嗅到一种奶味，淡淡的，也回绕在我的心，一刹那，这个世界，是那样安静。

妹妹的生命，让我回忆起初春的模样，她富有生机，为我的旅途添满芳香与新绿。就像我陪着她散步，走好人生每一次旅途。

时间都去哪了

时间都去哪了

陈　蓉

我们真的还小吗？时间犹如细沙流水般从我手指尖划过。我不禁感慨时间都去哪里了？

它在园子里的老树皮上留下斑斑细纹，就连夏日里盛开得妖艳甚至放肆的蔷薇在经历了秋风的摧残后也被时间抛弃了。

我们到底过着怎样的生活？我们来到这世上的意义何在？没人能回答我们除了——时间！

我们从咿呀学语的婴儿到了现在所谓的青春叛逆。告别了童年的天真无邪，迎来青春的梦想热血。回想那走过的六年原谅我今日才幡然醒悟——六年真的很短。

六年仿佛一个眨眼，一个回忆便已悄然离去……何况那更加短暂的三年。看看教室里的同学，看看办公室里的老师。我多么希望四年后踏入新的教室说的却是——咦？

怎么还是你们？

　　想起刚踏进这里的那一天，对这里的一切都是懵懂好奇的。看着一张张和我一样稚嫩的脸庞，我猛然惊醒——这就是我的同学。

　　小学，这时的我们很懵懂，我们很疯狂……我们做了很多我们自以为对的事。或许过了许多年，当我们回想起这些事我们会觉得这时的我们真的很傻，可是如果重来一遍我相信那时的我会选择同样的六年。

　　老树依然在寒风中被时间无意的割伤，蔷薇花在经历了一整个秋天的折磨后终于落尽了。时间依然似细沙流水般的从手指尖划过。我们阻止不了时间的固执，在时间面前人类是渺小的。我们唯一能做的便是把握好时间。

　　六年，三年，又三年，一眨眼便离去。人生又能有多长呢？请珍惜时间吧！当我们老了，走不动了。坐在门前的老树旁那时才会知道人生能留给自己憧憬的时间太少了……我们唯一能做的就是让已经满脸皱纹、头发苍白的自己回想起现在我们所做的事情而不后悔，这就够了……

难忘的老师

郑凤枝

"春蚕到死丝方尽，蜡炬成灰泪始干。"老师是海边的灯塔，给了我们航行的方向；老师是一盏明灯，照亮了我们路途的前方；老师更如春风细雨，滋润着我们茁壮成长。

在我的记忆里，最使我难忘的，还是那个——她。

初次见面，是在小学三年级的第一堂数学课上。那天，天是晴朗的，我的心是明朗的。从教室门外走进了一位新面孔的老师，她穿着一双白球鞋，步伐轻盈，一身长长的白裙，一头乌黑的齐腰长发，显得是那么端庄而高雅；整齐的刘海下一双柳眉大眼，鼻梁不高的鼻子上却架着一副黑框眼镜，樱桃般的小嘴上因涂了一点唇膏而显得更加晶莹。她走上了讲台，同学们因兴奋讨论了起来，教室里便有了无数只苍蝇的振翅声："嗡——嗡——

嗡——"她的手用力地拍了拍讲桌，说道："同学们请安静下来！"她的音量与声音让我有些吃惊，声音是细细的，音量却不小。教室里内便立马安静了下来，她开始作自我介绍："同学们好！我是你们新的数学老师——林老师。"说完，她拿起粉笔转身面向黑板，写下了三个大字：林老师。"她写的字和她的人一样漂亮。"我想当时大部分同学都是这样想的吧。

　　林老师是活泼的。由于教室在一楼，有时在下课时间里，同学们在操场上玩耍，林老师也加入我们。在那时我们都仿佛是很好的朋友，林老师也像个长不大的孩子。同学们去抓她，她总是边跑边说："你们是抓不到我的！你们是抓不到我的！"林老师上课是严肃的，下课却时时刻刻微笑着。她累了，汗水浸湿了她的刘海，一根根的头发紧贴在她的额前，微风拂起她的根根发丝，使她感到凉爽，她笑了，笑得那么美。

　　上课时，她转身写字，同学们在讲台下做小动作。她看见后，皱紧眉头，拿起教鞭，径直走下讲台，面对那位同学："再调皮就是这样……"她说着便拿起教鞭在空中撸了一下。她疼我们，爱我们，但从不打我们，宠溺我们。林老师的谆谆教诲，何尝又不是一种爱呢？她的课堂总能让我们进入到当时的环境，总能让我们沉浸在知识的海洋。林老师的鼻梁不高，眼镜总往下滑，于是她便时常用手去推眼镜，也总爱用手把长发夹在耳后。

　　她是林老师，是令我难忘的老师；她是长发姑娘，我们攀着她那长发梯，到了知识的秋天，果实丰收；她更是一位辛勤的园丁，为我们施肥，为我们驱虫，为我们修剪，结出心中最大最红的苹果。

糖葫芦女孩

何佳怡

她真像玲珑如玉的槐花。

含蓄，清爽。正悄悄地孕着迷离朦胧的梦。梦醒了，花就绽满枝头，素净秀雅，宛若月光之海。

圆圆胖胖的脸莹洁纯净，淡淡弯眉下，一对瞪大的眸子。她的眼睛明胶灼热，含着水的柔情，酝酿着宛转的眼波，又似一道酷烈的酒酿，正从这如炬目光中逼射出来，显得热情大胆，令人顿生亲切之感；额前偏着散乱的发绺，掩住半点右眼，乌发梳向脑后，束成个扁的发髻，用黑绳绑了，干练明达；她有时还会流露出小女孩儿的神情，嘴角噙着快乐的笑意，眉毛也弯成乌溜溜的月牙。

一日放学，我坐在母亲的自行车上。天已经漆黑如墨，她突然夸张地叫起来："那不是你们辜老师吗？她在买糖葫芦……"果然是她！辜老师！她裹着浅蓝的羽绒服，肩后一顶毛蓬蓬的大帽子。小贩镶着玻璃的车映着灿烂的灯光，美得清明。现在的糖葫芦不止用山楂串成，还贩一些新奇的水果，插成一串，味道也仍然甜美酸爽。似乎把四个绚烂的季节都涂在一根竹签上，变成时代的精髓。辜老师淹没在黑暗中，步子缓慢持重，带着一点儿曼妙的老成。我不禁想像，她歪在木椅上吃糖葫芦的场面：眼睛半垂，流转着幸福的光芒，手上捏着那串红艳艳的糖葫芦，她啃舔着山楂果甜蜜的脆层，微笑着皱起鼻子，嘴角沾了半星糖渍，喉头滚动着，"咕噜"的陶醉声响。阳光温暖，洒下金曦。木椅，女孩，糖葫芦。

我也曾在办公桌前见过她的零食，反正是大大小小，花里胡哨的糖果，有时也有几支棒棒糖，插在笔筒里，有了水晶瓶绽放莲花的美感。

如今她有了宝宝，却坚持为我们上课，抹了红色粉笔灰的长竹棍噼啪地敲在黑板上，整日萦绕不去，燃烧了多少孩童的目光。

晚上考试，她突然走向我，笑容无邪："你把桌子往后退退。"她嘴角向上翘着，略带尴尬地说："我有强迫症，就你的桌子是凸出来的！"她斜睨着我的桌子，神情与小猫相似。"哎，好，不好意思！"她咧嘴，扭着头笑起来。

她从不笑出声来，只是静静地扬起嘴角，笑容美如槐花。

我也老是忘不了那个晚上，灯光，小摊，她的影子。

甚至是我幻想中的那阳光，木椅和女孩子。

拿着糖葫芦的女孩子。

心中的红苹果

高福明

天暗下来了，如丝，如针，如牛毛的秋雨光临人间，还夹杂几缕薄雾。室内的我，不禁有所思索：人生犹如窗外的苹果树，只要行得端，做得正，那么树干就是直而遒劲，可人生取得的成果呢？便取决于树的核心——红苹果了。

兰子老师是一位学识渊博的学者，笑容满面地走进教室。

"同学们，你们的理想是什么？"兰子老师问道，顿时，教室里一片寂然，老师便随机叫几位同学回答。有的说："考上重本，读计算机专业。"有的说："考上重点高中。"有的说："当一名画家。"回答纷纭得很，看老师舒缓舒缓了眉头，笑着说："同学们看，这个玻璃瓶是你们的思绪，而这些杂七杂八的是你们的欲望，如果你的人生先考虑得是不重要、繁琐的事，那你的思绪就会被它们肆意占领，更何况'红苹果'呢"。

说到这里，同学们的眉头紧锁，好像若有所思。此时无声胜有声。

"你们再看，我将这些事全部归零，只剩一个玻璃杯，现在，我们首先装红苹果，使它位于中心位置，然后，再装无趣与欲望，这样，思绪有了领导，不是前者的三军无帅，而是劳逸结合，这会使你的人生丰富，拥有动力。好了，同学们，这个红苹果，就是刚才所说的理想！你们好好再想想，你们的理想究竟是什么。"

须臾，我陷入了沉思。我的理想究竟是什么？于是，我脑海浮现这种画面：在百家讲坛上，许多学者，博士生导师，都来讲说历史，我的兴趣又却在历史，正好，那我就做一名主讲老师。

理想是石，敲出星星之火；理想是火，点燃希望的灯。这个理想，便在我的心里潜滋暗长。

朋友们，自己心中的红苹果要是红得灿烂，红得争艳，那么人生便是辉煌、成功的。不要再麻木不仁，不要再涛声依旧。生命只属于人一次，不去努力，怎换甘甜的果子，又怎换成功的人生。记住：理想是对生命的尊重。

长风破浪会有时，直挂云帆济沧海。乘理想之船，扬理想之帆，向成功的彼岸驶去。

这个杨老师

郑欣瑞

"加油！加油！……"加油声在操场上欢乐而激动地响起，连天边的云彩也为此驻足。参加比赛的同学们卖力地拉着，没有参加的同学仿佛也感同身受，在卖力地加油，突然，"观战"的同学冒了个声音：

"杨老师，我们赢了可不可以没作业呀！"

被叫作杨老师的，身躯十分"庞大"的男子装作没听到的样子，继续以灿烂的笑容面对着同学，不是开怀大笑，也不是抿嘴笑，是专属于他的"杨娜丽莎"的微笑。

没错，他就是……我们的班主任！杨四维！关于他的名字，还有一段来历……

开学时，也不知道是过了几天，老师发话了："同学们，你们知道我为什么叫'四维'吗？"

教室里跟炸开了锅似的，像一群小麻雀叽叽喳喳地闹着……

"嗯嗯"杨老师咳了两声，示意安静。

一样闹成了一锅粥。

杨老师又换了个方式，比出了一个手势，也不知为何，全班都安静了下来，做了一个相同的手势。

对于这个结果，老师表示十分满意，欣慰地、轻轻地点了点头，说起了名字的由来："四维"若拼在一起，便是"罗"的繁体字，而杨老师的妈妈姓罗，也许是这样的"羅"吧！

"杨老师，赢了没作业！"那个声音又冒了个泡。

"好吧，"杨老师叹了口气，看来是躲不过了，继续以灿烂的笑容面对大家"如果赢了，周末没作业！没书面作业！"小麻雀们又开始吵了，为自己的"胜利"欢呼。

比赛开始了，和对方的比赛成了一正一负，最后一局，十分重要。

还未开始，绳子已经向对方拉去，提了几次，却无人搭理。

最后果然输了。

比赛输后，几个女生哭了起来，后来，越来越多，或许是不公，或许是可惜。

"好了，别哭了，也没什么。"杨老师说得十分轻松，眼里却是无限的关心。

"我都没哭""看，她那么脆弱都没哭"杨老师这一说，立马就有了反应，有几个同学"扑哧"笑了，又有几个同学在反驳，哭的人也少了许多。

晚自习……

杨老师面色凝重，仿佛有什么大事将要发生，教室里的气氛立马冷了下来。

杨老师先是就这次比赛对我们进行了一番安慰，才开始讲正事。

"这次的听写！有多少个人没过关？"杨老师面带怒色地说道，手中的鞭子还未放下。全班肃静……过了一会儿，有几个人说："四十个。"又有其他声音，"啪"的一声，杨老师生气地皱了皱眉，"好，我来数一数，一、二……"明显压抑着怒火，全班沉默……"这根鞭子我现在还没用，也不想用，上一届错一罚十，还有全错的……"又是一顿说教，最后，杨老师叹了口气："算了，错一个，改十遍。"那个鞭子，到最后也没有用。

第二节，原本只能自习，可是因为第一节……所以，第二节拿来讲作业……

杨老师讲着，我们认真地听着。这时，他站了起来，先向外面望了望，然后坐下，对我们说："同学们，我冒着被扣工资的危险来讲。"表情却十分严肃，全班笑了，却怕引来值周老师……杨老师一边在黑板上写字，一边向门外瞟两眼，同学们一活跃，就有"嘘"的声音，更为有趣……

下课了，回寝室的我，还在回味，这个杨老师，嗯，有味！三年有你相伴，真好！

我喜欢的季节

徐锦添

冬爷爷最后一次为麦苗披上洁白的棉被还未拿开，人们盼望已久的春姑娘已经迈着轻盈的脚步来到人间。

山谷中，小溪的冰融化了，"叮咚、叮咚"的唱着歌，向远方奔流开启了它的旅行，柳树伸展着嫩绿的芽儿，在微风中舞蹈着，像在梳理自己的长发，一朵朵小花从土里钻出来，伸了个懒腰慢慢开放，真是花红柳绿呀。

"滴答、滴答。"春雨渐渐地下欢了，春雨像断了线珍珠不停的落在房檐上，春雨滴在青石坡上溅起许多小水珠。

雨点滴在地上，小草好像感到春雨的到来似的，贪婪地吮吸着春天的甘露，小草深吸一口，一冬没喝过饮料，好爽呀！小草喝饱后探出了地面，开始编织绿色的地毯。那粉红的花朵射在翠绿的叶子下，好像一个害羞的小姑娘，微风徐徐吹来，北边的柳树轻轻摇摆，小蜜蜂提着桶在花朵上辛勤地采蜜。

雨点滴在柳树上，在叶芽上跳动着，那雨时而直线滑落、时而随风飘洒、时而带着几分寒意在清风中舞蹈着，留下如雾、如烟、如丝的情景，小雨点像是钢琴上跳动的音符，奏出的弦。神奇的小雨点啊！

雨点滴在正探出头好奇张望的小麻雀脑门儿上，小麻雀一惊，把小麻雀打回巢，顽皮的小麻雀探出头脑来"滴答"又是一滴，这回小麻雀深深的把头埋进巢里，连大气也不敢出了。哈！淘气的小雨滴。

啊！春天！美丽的春天！你给我们复苏的万物，如诗般的美景，无限的希望。啊！我爱你春天，更爱春天的小雨。

相约在冬季

睦　皓

"白雪纷纷何所以？撒盐空中差可拟"，这也只存在于千古诗词中，跟成都的冬天显得格格不入。

在我的印象中，成都的冬天都是暖暖的，没有漫天飞舞的雪花，没有白雪皑皑的大地，最常见的也不过是风和雨。是的，但它并没有因此而乏味。虽然等不到"雪"这个小精灵的"莅临"，或许还来不及分清春夏秋冬的交替变换，就迎来了春暖花开，但我还是喜欢成都的冬天。

今年的冬天来得有些迟，如今才勉强算是初冬。还不至于裹着大衣，寒风刺骨。只觉得树木开始萧条，白天很短。却想象着能对着玻璃窗户哈一口气，凝结成霜，在用手指划来划去，多有趣呀？再想象能搓着冻红的双手，围着火炉，等着过年的美好日子，何尝不是种飘飘欲仙的感觉？

然而这些还不能体现成都的冬季，因为它伴着雨季的，所以更让人难忘。这里的雨大多数是温柔的，偶尔也会有粗暴的时候，使得草木郁郁葱葱，四季花开，让城市显得很美！

瞧！今年的雨季又来了，没有一丝防备，天空就变得朦胧起来，细雨如烟，毫不留情地洗刷着空气中的纤尘，不一会儿，屋檐下的雨滴像断线的玉珠，落在地上发出清脆的滴答声，树木和房屋被洗的焕然一新，格外耀眼。我在雨中奔跑起来，看着行人各式各样的花雨伞，享受着冰冷的刺激，任凭雨水打湿我的头发和衣服，我在想：难道冬天来了吗？

我爱冬季的雨，不是因为它的诗情画意，而是怀念我雨中的记忆，是那段时光，洗去了青春的烦恼，是不在意旁人的倔强，是无悔的青春！

我喜欢成都，更喜欢成都的冬天。因为它不像北方那样冰封万里，我不用担心出行在外的亲人。虽然我喜欢滑雪，堆雪人，但我相信在某一个冬季，成都也会迎来雪花飘扬，就像一个大拇指的约定！

校园的秋天

邹　鑫

九月，我们刚送走了炎炎夏日，便迎来了秋高气爽的季节—秋。校园受秋天的光临显得别具一格。

要说秋天，它是香的，因为有金桂。校园的英语角弥漫着迷人的香氛，令人心旷神怡。这香味便是由金桂所散发出的。一个小花坛把金桂树围了起来，走到花坛前我抬头看了看金桂树，它好似一把大伞，为人遮风挡雨，为人打伞遮阳。这棵金桂树并不高大，只是树枝十分茂盛。虽已到了秋天，但茂盛的树枝却给人带来了一种生命的活力。抬头看见树梢全是绿油油的树叶将它包围，接着茂盛的树枝一根根的全向外延伸着，上面有树叶，而树叶的旁边就是金桂花了。有些虽已凋零却像个不舍妈妈的小孩子仍然粘着树枝不肯飘落，而有些则是树枝妈妈的新生儿充满了活力与生机，颜色也就更加鲜艳。顿时，我觉得"自

时间都去哪了

古逢秋悲寂寥"这句话真是大错特错了，秋天并不是完全寂寞悲凉，秋天也是有生机与活力的。世界上任何美的事物都需要点缀，金桂树也一样。金桂花与树叶点缀了金桂树，让金桂树看起来就像穿了一件带着金色斑点的花衣。

金桂树的下面有着好似一张白色花纹的绿毯，它们是青草和葱兰花。青草生长得十分茂盛，青草的四周花坛的边缘长了一圈葱兰花，它有着六片白色花瓣和黄色的花蕊，显得十分淡雅。有些含苞待放，似一位姑娘害羞了用白色的面纱紧紧遮住自己的面庞，迟迟不把自己的脸庞露出。或许，我们离开后她就会悄悄摘下面纱吧。

校园秋天的花很香，很美，那么绿色长廊的大树则十分挺拔。在绿色长廊的两侧有着白杨树和银杏树。道路中央被落叶给铺满了，最显眼的当属银杏叶。银杏叶的落叶宛如一把黄色的小扇子，玲珑娇小。大树挺立在道路的两旁，仿佛一排排训练有素的士兵，欢迎着我们的到来。看见太阳逐渐升高，气温也逐渐变热，士兵们十分贴心，怕我们热，便与对面的树枝交织着，形成了一个大自然的遮阳伞。这时大树们的树叶也逐渐泛黄。这些树爱赶时髦，仿佛是染了发。这些大树啊！既贴心，又时髦。

校园的秋天金桂飘香，校园的秋天荫下凉爽，校园的秋天时尚前卫，校园的秋天也有生机……

我喜欢的季节

李宇洋

　　当枯黄的树叶飘落，百花凋零时；当大雁南飞，菊花傲放时。南国迎来了淡淡的秋天，秋天是我喜欢的季节。

　　你瞧，秋天是美的，美在富足。风轻吹，雨连绵，那由绿而黄又即变成盘中餐的稻谷，就像是给大地披上了一件闪耀着光芒的金色礼服；那含苞待放、万里飘香的菊花、桂花吸引着人们前去驻足观赏；那雪白雪白的棉花压弯了枝头；那颗粒饱满的高粱红的似火；那果园里的果树上结满了各种果子，秋风一吹，果子好像在弹奏音乐，弹奏起《秋丰之歌》。

　　你瞧，秋天是美的，美在深远。抬头仰望湛蓝的天空，天空是那样的蓝，像浩瀚的海洋，蓝蓝的不杂一丝云彩，大雁排着整齐的队伍向南方飞去，声声长鸣抒发着秋高气爽的美丽心情。低头俯视辽阔的大地，平坦的大地处处有成熟的金黄，风中飘荡黄叶的沙沙声，清澈的小溪越发显得沉寂，呈现出成熟之美，诱人之色。秋天的大地既不像春天的万物复苏、生机勃勃；也不像夏天的树木丛生、百草丰茂；更没有冬天的白雪皑皑、冷酷无情……这一切的一切，都不能比过秋天的深远与和谐。

你瞧，秋天是美的，美在有趣。秋风替落叶编舞，落叶像一只只蝴蝶在空中翩翩起舞，优美极了。夜深人静时，窗外秋蝉在歌唱，这种声音似乎来自遥远的地方，如风铃拨动，似铃铛轻摇，听起来一点也不令人厌烦。

你瞧，秋天是美的，美在乐于助人。秋天指引着棕熊，来到棕熊的天堂，鱼儿的墓地。他帮青蛙乐团找到温暖而舒适的地洞，帮小动物们找到一个装满过冬食物的家园。秋天忙得不可开交。

我爱秋天。秋天给我们带来了丰收的喜悦，带来了美好的心境。我爱秋天的富足、深远、有趣和乐于助人。

秋天的畅想

许 可

秋风轻轻刮过农夫的手掌，虽然很凉，但农夫心中却是快乐的。

田中泛起金黄的麦浪，山间枫林飘下火红的枫叶，草地已经枯黄。望着秋天的原野，畅想来年的春天。

农夫很快乐，是因为他们每天都在为稻秧施肥浇水，想让稻谷收成好。他那远方的儿女无比思念他，他又何尝不想去看看，可他不能，因为一家人还指望着他来养。他每天盼望谷子快长大，终于，功夫不负有心人，农夫得偿所愿。

枯黄的草地，让人心中凄凉，但来年春天，小草一定会长得更高、长得更绿。

枯萎的花朵，曾经需要绿叶的陪衬，但现在绿叶也枯萎了。可来年春天，它也照样绽放。那就像在人生的低谷，虽然你很绝望，但不要放弃心中的梦想，迟早有一天你会实现它。

果实累累的院子也承载着梦想。果农们掰开硕大的石榴，看见石榴的果实又大又红，嘴角上便洋溢着幸福知足的微笑。这让我想起我小学的第一堂课，也许那时的我懵懂无知，一位辛勤的园丁带我在知识的海洋中遨游。

银杏叶是秋天的足迹，满把满把的欢喜，任你收割，满眼满眼的生动，任你阅读。银杏叶从树上纷纷扬扬地落下，如同一只美丽又活泼的金蝴蝶在空中飞舞，落在大地上，来年这里土地一定肥沃，因为银杏叶化作了春泥来滋润大地万物。这让我想起了老师，他们将青春将梦想托付给了我们，而自己却慢慢老去，正如"春蚕到死丝方尽，蜡炬成灰泪始干"，形容老师恰到好处。

秋天是一个快乐的季节，秋天是一个丰收的季节，秋天还是一个思念的季节。秋风将带着他们的梦想和寄托送到遥远的地方。

思念的滋味

吉诗灏

天气渐渐的凉快了下来，每一阵秋风吹过都会吹走凋谢的花瓣和人们的思念。爸爸妈妈你们还好吗，我托秋风捎给你们的问候收到了吗？

"丁零零……"

"唰唰唰……"

同学们在早起的闹钟铃声中，摸索着穿衣起床了，声响惊醒了沉睡中的我，这是我进入小学开始独立生活的第一天，我匆匆忙忙的洗漱完，背上书包奔向学校食堂。

在学校操场上遇见一对母子，他们有说有笑的。母亲爱怜的扶着小男孩儿的肩头，偶尔以手代梳的拨弄小男孩儿的头发，温柔的眼神里满是慈爱，小男孩儿侧着头和妈妈说着话，满脸的幸福，有妈妈陪伴的日子太幸福了。这一幕像极了我和妈妈，渐渐地我的眼底浮起一层薄雾：妈妈，我想你了！

脚在继续行进中，刚刚离家住校的我在心里很羡慕那对母子。

走进教室看见已经早到的同学们，眼神碰触到老师慈祥的目光，我一下子有了一种家的感觉。

时间如飞一样的过去了，转眼就到了周五，是我回家的日子。我不想回去，因为那里没有爸爸妈妈，哥哥也要周六才放学回家，空荡荡的屋子里到处都充盈着孤独的气息。虽然妈妈交代了大人不在家的时候，周五放学就到张爷爷家去借宿，但我总觉得很别扭，心里很不情愿。

天空灰蒙蒙的，仿佛随时都要下一场大雨似的，心里正在埋怨着外地的天气总是这么潮湿，走出教室才发现雨已经下起来了。阴霾的天气一下子击垮了我最后的心理防线，眼泪不受控制的从眼眶中滚落。我低着头走出了教室，走在陌生的城市街道，谁会在意我脸上滑落的是雨还是泪呢？

校门口已经汇聚了太多太多接孩子的父母，到处是人和车。因为下雨了，大家都在焦急的张望，更显得拥挤和混乱。我低头穿行在人群中，泪水像决堤的洪水一样肆意纵横，我多想自己的爸爸妈妈也在人群中焦急的等待我的出现啊。

我奔跑到校门对面的超市，在一个角落里无力的蹲下，头深深地埋在臂弯里，任自己尽情宣泄。

回到张爷爷家，我装着无事的样子坐在沙发上，把今天的事深深藏进记忆深处，也许只有眼边的泪痕知道这段伤心的故事。

夜 的 遐 想

晏 扬

因为觉得有些烦闷，于是我来到阳台上看晚霞。

只见天空中的蓝是湛蓝的，是那样恬静。天边的颜色是朦胧的淡紫，周围也都是如此，没有一处显得阴沉灰暗有雷雨的预兆。一会儿空中又飘着几丝雪白的云朵，慢慢拉长，渐渐变成了洁白的哈达，给月亮捎去问候。过了一会儿，太阳换了一身衣服，慢慢地变化着，先是有些金黄，然后发散着不太耀眼的光，最后它终于冲破这束缚，变成了火红而又带点儿橘黄，色彩十分绚丽夺目，像宝石一般挂在遥远的天边。而那些一缕缕的云彩也在余辉的照耀下，如同在天边绽放的朵朵玫瑰。

夕阳已没有刚才那样灿烂了，我不知为何突然有些伤感，想起一句话："夕阳无限好，只是近黄昏。"眨眼间，夕阳已不知不觉落了下去，整个天空已被渲染成有色彩的水墨画，一切色彩都显得柔和而祥和，没有一丝唐突。

　　渐渐的，黑压压的夜幕已经悄悄地包围过来，愈来愈近，天也从湛蓝变为深蓝了。我抬头向上看，黯淡的天空呈现出夜晚的蓝色。中间的蓝有些浅，而边缘则是像用精细的手法勾勒出来的壁画，就那样静静地躺在晶莹的蓝宝石里。白天葱茏挺拔的大树、亭子，自上而下只有一片漆黑，在蓝色的幕布上投射下各种剪影，就像是在演一出唯美的话剧。

　　远处，好像还有灯亮着，一家，两家，构成一个温馨的小世界。看着看着，树木好像被风儿吹动。夕阳，一个有着强大力量的东西，它带给人们欢喜，也带给人们伤感；它带给人们叹息，也带给人们希望。从古至今，有多少游子因看到夕阳而留下晶莹的泪水，有多少文人墨客因看到夕阳而留下千古佳作。"夕阳西下，断肠人在天涯。"马致远看着小桥流水的温馨场面，自己却在外漂泊，这是何等的凄凉啊！

　　永远不要忘记黄昏——那遥远又美丽的夕阳！

梧　桐

董晏菲

偌大的世界，必然有一些事物令人流连，有一些事物令人难忘，一直缠绕在心间，甚至会刻在心中，永不消逝。而我的心结，是那棵梧桐。

在小区的一角，有一棵梧桐。小时候，最爱在梧桐下，一边捡着梧桐叶子，一边竖起耳朵听妈妈讲述一个又一个故事。那时，我以为这是一棵不会结果的树，长大后，才知道那是一棵法国梧桐。

一度春风又来，梧桐树上绽满了花，挂满枝头的红与紫，夺人眼球，好似在争取春天所有的色彩。远远的紫红的花儿挤满了秃秃的枝头。最喜春雨来时，梧桐花随春雨落了下来，让人联想起"天街小雨润如酥，草色遥看近却无"。行人路过，踩着花，没有听见脚步声，只闻到阵阵花香。

最热闹不过夏日当空的时节，当火红的太阳一半沉入西边的时候，鸟儿们将要停歇时，风吹了过来，一阵沙沙声入耳中。回头一看，原来是她，披着青绿的外衣，如不食人间烟火的仙女。那沙沙声润入心田，给我带来丝丝凉意，在夏日中格外好听。

秋来了，翠绿的叶儿换了金色的衣裳，一片一片飘落下来。踏上去软绵绵的，丝丝秋意孕育。小圆圆的果上还有小刺，像一个个可爱的小刺猬。金黄的叶衬着棕色的小果，也酝酿出了几分诗意。不禁想起郑板桥先生的"高梧百尺夜苍苍，乱扫秋星落晓霜"。

所有的叶子都掉光了时，我知道是冬来了。落光了叶子的梧桐树也是一幅画，突兀的枝干融入冬日的寒气里，雪来时，它会穿上白色的纱裙，像一个石雕少女静静地待在那儿，陪伴我们走过寒冬、迎来暖春。

我仰起头，看着它，想着这梧桐树总是在付出，而我们的父母又何尝不是呢？为了孩子赴汤蹈火，回家还要面对我们给他们制造的种种麻烦……这时，李商隐的诗句"春蚕到死丝方尽……"涌上心头，让我格外揪心。梧桐，愿风将你的叶及子女对父母的爱吹到窗前，吹进千万个父母的心中。

时间都去哪了

〈〈〈

199

妙趣横生的英语课

李憬宇

最有趣的课程莫过于妙趣横生的英语课了，单是黄老师那幽默的形象便令人久久不忘。

可能你还不知道吧，我们的英语老师竟是学校里史无前例的光头老师，这令我们也难以置信。刚刚见面同学们便一言不发，眼前安静与沉重的气氛弥漫开来，因为老师一般都是十分严厉的，加上光头，那一定是非常"火辣"的了，但往往会遇到出其不意的惊喜，黄老师脸上那一缕缕褶皱，微笑的眉头总是挂着，一定是一位非常和蔼可亲的老师了。果不其然，黄老师张口了："Now class begins！"语气中透露出一股温暖与幽默的语气来，同学们也不知不觉地笑了。

不久我们便熟识了。

黄老师的光头在讲课时被灯光照得发亮，由此可见，他一定蕴藏了许多知识，堪称"聪明绝顶"。一上课同学们积极参与，下课了，便满载而归。

黄老师为了尽快认识大家，举行了一场英语自我介绍，大家十分紧张，就好像热锅上的蚂蚁，我也一样，万一出了什么岔子，可就完蛋了。然而却与我想得截然不同，有些同学介绍遇到了困难，黄老师便帮助那位同学，那位同学挤牙膏似的，完成了考验。快轮到我了，我丈二和尚摸不着头脑，于是在他的激励下，我火力全开，与光头老师进行了惊心动魄的对话……

一场死缠烂打终究还是以"Nice to meet you"告一段落，我成功了，"击退"了光头老师，战后的奖励是十分丰厚的，我成为英语课代表，然而我的负担也变重了，不仅要负责早读和收作业，黄老师也对我更加严厉了，比如我的书法。

最近黄老师训练我们的书法，每当上完课，就会拿出十几分钟来练习二十六个英语字母，我这个人啊，就是犹豫不决，书写时就会慢慢地，小心地，慌张地，产生一种情不自禁的手抖行为。老师也在身边不停地转，忽然一股阴森森的气息浮现在身后："你的手在颤抖。"这种幽默的批评是我一时半会儿反应不过来，周围的同学们捧腹大笑，老师为我做了一下示范，我才豁然开朗。

黄老师教了我三年英语，他的微笑不曾消失，总是笑眯眯的，老师不可能帮助我一辈子，所以学习要靠自己，而不能依赖老师与家长，我也相信"大鹏一日同风起，扶摇直上九万里"的深刻意义。

倒霉的一天

陈宇琴

今天是一个倒霉的日子。

早上七点，天边还泛着点儿鱼肚白，我就已经在妈妈的催促声中起床了。八点半有一个补习班要上，我来到厕所开始洗漱，等到洗漱完毕，刚刚离开，却不知被什么东西绊了一下，"嘭"的一声摔倒在地，膝盖磕了一个好大的包。膝部的疼痛总算稍稍消散，我扶着墙，慢慢站起，单脚向餐桌跳去。今天的早餐是一碗白胖胖的汤圆，我拿起勺子舀了一个送进嘴里，一口咬下去，结果"噗"的一声，我以迅猛的速度把汤圆吐了出来。谁知道这个汤圆温度竟然如此滚烫，把我的舌头都烫麻了，吃东西的时候，仿佛失去了味觉，一切都没滋没味起来。

匆匆赶到补习班，推开门，一个"子弹头"正光速地向我飞来，刚好打中我的额头。低头一看，原来是一支粉笔！环顾教室，只见有的围成一堆正在打游戏；有的在和旁边的同学聊天；有的在教室中跑来跑去，把地上的粉笔踩碎了，扬起阵阵灰尘；只有几个同学在安静地写作业……看到这些，我只好无奈地摇摇头，默默回到自己位置上去写作业。作业还没写几个字，只听见"轰轰轰"的一声，一大群人从我身边跑过，不知是谁把我的本子撞到了地上，顺便还"赠送"了我两个鞋印儿。我见了，顿时火冒三丈，捡起本子"啪"的拍在桌子上，准备反击。我左右手分别从粉笔盒中抓了一把粉笔，看准目标，"哗"的全扔了出去，顿时粉笔像雨点般密密麻麻地朝他们砸了过去。当粉笔砸中他们的时候，全班不知怎的，忽然安静了下来。我却浑然不知危险的到来，还指着他们说："哈哈，小样儿，跟我斗。"准备回到座位，一转身，一张大脸出现在我面前，怪不得那么安静，原来是老师不知在什么时候已到我身后了。顶着老师"慈祥"的目光，我遮着脸蹲着回到了座位，此时的我真想找个地洞钻进去。浑身别扭地待了两个小时后，只听下课铃声大作，我趁机飞速地逃离了教室。

回到家，打开门就看见妈妈正叉着腰怒气冲冲地瞪着我，看得我冷汗直冒。见情况不对，我小心翼翼地走过去，问道："妈，发生啥事啦？"妈妈拿起手机翻出一条信息，对我说："自己看看你这次考了多少分！"喔，原来是期末考试成绩发来啦，我一看："还不错嘛！比预想中好多了，也比上次进步了一名！"妈妈有些着急地对我说："才进步一名，你高兴什么，你看看你的数学考得有多差……"接着又劈头盖脸地将我骂了一遍，听得我头都大了！

　　天呐，我今天怎么这么倒霉！

那是一个邋遢的人

梁凤仪

古今多少奇女子，而她就是其中之一！她？她嘛，是——人见人厌，花见花谢，车见车爆胎的——邋遢大王！

寝室卫生之洗头事件

她有一个萝莉的外表，但她的头发却为她的形象大大减分！一头乌黑"亮丽"的头发，不过这个亮说的可是她头发久了没洗而自身发出来的！要是有人问她："嘿！你有多久没洗头了？"问她的人自然是不客气的（对她本来就是不用客气的，她本来也不是一个文静，娇弱的女子）。她一定会吞吞吐吐，拖泥带水的回答："嗯？多久，嗯……也没多久吧！就，就一两个星期而已，你说是不是也没有多久嘛。"对此，你丝毫不必感到惊讶，因为：此乃家常便饭也。你一定不敢直视她的头发，因为你会感觉她头上所散发的光芒！五百万瓦？不不不，远远不及她头上散发出来的光芒！到底是哪位神仙，造就出这样一位奇女子？这时，你得趁热打铁赶紧追问她何时洗头。她一定会"巧笑嫣然"："哈哈哈，今晚就洗，今晚我一定洗，相信我！"你以为一切就这么简单的结束了？不！虽然她口头上承诺了，但她不一定遵照执行。我得以一个"老前辈"的身份告诉你："一定不能相信！"你大可以用怀疑的眼神审视她！她会感受到的："别用那种目光瞅我，我们还有友谊的小船呢！"

结果一到晚上，她就会心虚了："今晚好像有点儿冷呢，明晚，明晚再不洗我就把'王'字倒过来写！"然后，剩下的几天还是被她用各种理由推辞。她可不简单，不单单只是有可爱的外表，同时还是班里的口才达人。说好的友谊小船呢？翻了！沉了！然后，她真的把"王"字倒过来写！尽管倒着写也是"王"字。不过她的头发真是"乌黑亮丽，光芒万丈"，好似每一根头发上都沾满了头皮屑，"白雪纷纷何所似？"似她的头皮屑！要是哪一天榨油商说我们学校好，定是看上了她的头发，榨出来的油起码二十升以上！

寝室卫生之书桌事件

来到教室，看外观，没问题！挺整洁，看起来挺舒服，桌子上就只有几本书和几只笔而已，真心整洁啊！可你一打开柜子之一。嗬！一股奇异的"香味"扑鼻而来，"呵呵"两个字足以表达我的心情。请看一看里面：饮料瓶，塑料袋，书本，开封过的零食，还有让我欲哭无泪的臭袜子等等，每个东西都以极其奇怪的姿势放在柜子里的每一个地方。天哪，你是怎么办到的？大神啊！当你打开另一个柜子的时候，她说："你会后悔打开它的。没错，一打开柜子就是恶臭扑鼻，后悔自己没戴防毒面罩。各种垃圾各种东西各种摆放！"

仁兄！垃圾桶就在门口，好不好！

古今多少奇女子！你想知道邋遢大王的详细资料吗？详情请到本班咨询。

再游"美食之都"

余洪列

对于一个在双流住惯了的人，像我，郊游不去黄龙溪，简直是怪事，黄龙溪的美食是名声在外的；对于一个刚到成都的人，如果感受古镇不去黄龙溪，那也是天大的遗憾，黄龙溪的风景是古色古香的。我长在双流边，玩在黄龙溪，从小到大对黄龙溪便有着一份特有的怀想。当老师再次宣布这次综合实践活动的地点是黄龙溪时，我高兴得像只飞翔的小鸟，心儿早已飘向了那美丽的地方。

初秋的早晨，天灰蒙蒙的，空气中透着一股淡淡的冰霜的味道。我踏着愉快的步伐上了早已等在门口的校车。起初，大家的脸是紧绷着的，或许是还睡意蒙眬，或许是沉浸在任务完成的思考之中。很快的，车子到了历史悠久的黄龙溪古镇大门，当大家一看见古镇牌坊上的"黄龙溪"那几个大字时，整个车厢瞬间打破了刚才暂时的宁静。大家激动起来了，拍照的，讲故事的，做记录的……大家干得热火朝天。

沿着黄龙溪的龙头走下去，最让人印象深刻的当属那眼花缭乱的美食了：油炸薯条、冰淇淋、烤肉、龙眼酥……虽说这些美食早已饱了眼福，但要说极品中的优胜者必属"一根面"。只见甩面师傅拿着一坨揉好的白面，一左一右有力地向两面拉着，一瞬间，原来的一坨面便变成了一根细而长的面条，然后顺利地甩进了沸腾着热气的锅里，清脆的葱花漂浮在乳白的汤面上，一阵沁人的香气扑鼻而来。啊！真是销魂，大家看得呆若木鸡。我们再也受不了，大步走到收银台，争着吼"阿姨，给我来一碗"！我一面抵住香气的诱惑，一面心里想着：如果在这里吃得心满意足了，那后面怎么办，况且得有些理智吧。于是我吞了一下口水，将到口的话硬塞了回去。可话虽如此，我的眼睛却一直盯着刘屹轩碗里的面，看见他"哧溜哧溜"的吃，我口水吞了十几下，终于，不好意思地"乞讨"般地向他要面吃。这时，小曹又走过来，与我一样，乞求刘屹轩给面吃。就这样，一碗"一根面"被我们仨瞬间瓜分完了。虽然没吃饱也没吃够，但只要一想起和同学分吃一碗面的情景，我的嘴角便会不由得流出一丝甜甜的笑意。

溪水"哗哗"地流着，我们也一路上像小鸟般"叽叽喳喳"地叫着。到了一处，又有一样东西特别惹人眼。那是一种丝状黏糊糊的东西，淡黄色，裹成一团，很黏牙。身边的一群吃货互相望了望，都想吃，却不买。时间停止了，这时曹二娃掏出腰包，土豪般霸气地向老板来了句："老板，来一盒"。真是大方啊，我心中暗想。在一片笑声中，大家品尝完了这个黏乎乎的东西，心中美滋滋的。

终于到了龙尾，原先狭窄的溪面变得豁然宽广起来。古老的城楼矗立在江边，宁静而壮观。这一次实践，我不仅完成了黄龙溪饮食文化研究的调查任务，更真切地体验到了品尝美食的快乐与幸福。

真是一次让我永生难忘的美食之旅啊！

青城山游记

梁 耘

有诗为证："峨眉天下秀，青城天下幽。"夏日的清晨，我怀着激动的心情来到了仰慕已久的青城山，开启了青城山之旅。

青城山位于四川省都江堰西南，距离都江堰市区约十六公里，全山林木青翠，四季常青，诸峰环峙，状若城郭，故名青城山。青城山是世界自然文化遗产保护地，中国四大道教名山之一。

我跨过青城山门，一股树林发出的芳香扑鼻而来，我站在小桥上，只见桥下的溪水清澈透底，有几条小鱼在水中嬉戏。跨过小桥，沿着青石板路向山上前行，一路上只见古木参天，青翠欲滴，有楠木树、杉树、银杏、樟木和其他许多灌木。树林中不时传来几声鸟儿的鸣叫；知了唱着阵阵情歌。行走间，一阵悠扬的笛声从远处传来，委婉跌宕，寻声望去，原来是一个布衣牧童正站在亭边吹奏牧羊曲。好一派"青城山幽子规啼"的景象！

沿着陡峭的石板路拾级而上，我来到了青城山第一个有名的景点——天然图画。这里到处绿树茵茵，郁郁葱葱，鸟语花香，这里的建筑外观十分优美，具有川西独特的建筑风格，与四周的环境浑然一体，形成了一幅天然图画。

走出天然图画，经过山阴亭，跨过凝翠桥，穿过五洞天，转眼间，我就来到了天师洞。一进大门，"天师洞"三个慷锵有力的大字就印入了眼帘，三清大殿是天师洞的主殿，重建于一九二三年，为重檐歇山楼阁式建筑。道观房檐四周飞檐指月。道观的正面悬挂着一副醒目的对联，上联是：道生一一生二二生三三生万物。下联是：人法地地法天天法道道法自然。此联出自老子的《道德经》，一语道出了大自然的发展变化规律，以及人与自然的关系，人类只有遵循自然法则，才能立于不败之地。

三清殿的右下角，有一棵古银杏树，距今有近两千年历史，树高五十余米，胸径两米多，最粗的径围需五六人手拉手才能围拢。相传该树是东汉时期张天师亲手所植，享有国宝级古树之美誉。

当年张天师来此修炼，据说此地常有妖魔作怪，侵害百姓，张天师欲降妖除魔，为民除害，山上有一巨石阻碍张天师降魔，张天师奋力挥剑一劈将巨石截为三块，相互依靠，至今石块上都还印有"降魔"二字。从今以后，山上便太平无恙。

我出了天师洞，继续向山上行进。经过一段蜿蜒曲折的山间小道，来到了"九倒拐"。这里山高路陡，成九道"Z"字形，山路的外侧有一根粗大的铁链，此时，我已汗流浃背，两腿有些发软，我心里暗想：是打道回府还是继续前行？心中有几分犹豫……这时，保尔·柯察金的形象浮现在我的脑海里，我下定决心要向保尔·柯察金那样坚韧不拔，战胜一切困难，不达目的，誓不罢休。于是我便咬紧牙关，向山顶发起最后冲刺。我脚踩台阶，手抓铁链，四脚并用，像乌龟似的步履蹒跚往上爬行。

越过九道拐，再穿越一道狭窄的山路，我终于爬上了海拔一千多米的青城山顶——老君阁。举目四望，众山如丘，真是"会当凌绝顶，一览众山小"。

我仰面朝天躺在空旷的草地上，眼望蓝蓝的天空，吸了一口长气，放开嗓子大喊："啊……"那声音飘得好远好远。天空低得好像伸手能摸到，云彩也仿佛就在眼前，我真想摘下一朵，驾着它去遨游太空……

一阵凉风吹来，感到一丝寒意，我猛地一个鲤鱼打挺，站立起来，放眼远望，不觉已是夕阳西下，远处的天际残阳如血。这时我赶紧收拾行囊，急匆匆地向山下奔去……

下山的路上，青城山的一幅幅美景浮现在我的脑海里，我看到了大自然的鬼斧神工，不愧"青城天下幽"之美誉，几千年的道教文化在这里得到继承和发扬光大。我们要携手共进，保护好自然环境，传承好中华民族五千年的灿烂文化，让祖国的明天更加美好！